UNIVERSELLE MEDITATION

W0346230

UNIVERSELLE MEDITATION

Rezepte für einen friedvollen Geist

DAVID LESS

Übersetzung aus dem Amerikanischen:
Zamyat Willand und Tajalli Rotter
Lektorat: Kamaliyah Mohrmann
Gesamtbearbeitung: Andreas R. Mosler

hooh
press

2364 Arden Dr
Sarasota, FL 34232-3861
www.hoohpress.com

©2009 by David Less

Alle Rechte vorbehalten. Dieses Buch darf – nicht ohne schriftliche Erlaubnis des Herausgebers - , auch nicht auszugsweise, in irgendeiner Form vervielfältigt werden, weder elektronisch noch mechanisch, einschließlich Fotokopie, Aufnahme, als Datei oder als Textsuchesystem .

Universelle Meditation.
Anleitungen für einen friedvollen Geist

Originalausgabe herausgegeben durch Hooh Press Publications/USA.
Deutsche Ausgabe 1. Auflage gedruckt 2010 in Deutschland.
Vertrieb der deutschen Ausgabe durch PromoTeamWork GmbH.

Cover Design: Brian Finke
Cover Drawing: Nathan Briggs
Buchsatz (deutsche Ausgabe): Felix Feierabend
Afrikanischer Heiler Foto : Aziz Qwabena Offusu-Atta aus Ghana

ISBN: 978-3-9813988-0-9

hooh
press

Vertrieb für Deutschland, Österreich, Schweiz und restliches Europa:
PromoTeamWork GmbH
Kontakt: universellemeditation@promoteamwork.de
www.universellemeditation.de

Universelle Meditation

Rezepte für einen friedvollen Geist

DANKSAGUNGEN

Ich durfte von den Erfahrungen und Einsichten von Meditationslehrern aus der ganzen Welt profitieren. Die Tatsache, dass ich an keine spezielle Tradition gebunden war, hat mir viele Türen geöffnet und ich bin all jenen Menschen dankbar, die mit mir die besonderen Nuancen und Feinheiten teilten, die diese Meditationen so tiefgründig gemacht haben.

Ich schulde auch all jenen tiefen Dank, die sich die Zeit genommen haben, die Manuskripte zu lesen, die Meditationen auszuprobieren und ihren weisen Rat beisteuerten.

Unter ihnen:

Casey Blood, Henry Cretella, Jacob Ellenberg, Kathleen Fitzpatrick, Timothy Fitzwilliam, Emily Kirsch, Priscilla Long, Charlotte Mason, Howard Nelson, Tchukon Shanks and Deborah Angehrn.

Besonderen Dank an Robb Wieselmann für seine Mithilfe bei der Fertigstellung des Buches.

Für die vielen Stunden, die an einer deutschsprachigen Ausgabe dieses Buches gearbeitet wurde, danke ich Zamyat Willand, Tajalli Rotter, Kamaliyah Mohrmann und Andreas R. Mosler.

Ich habe viel Zeit meines Lebens damit verbracht, durch die Welt zu reisen, um Meditation sowohl zu lernen als auch zu lehren. Und ich möchte meiner Frau Anna und meinen Kindern Una, Vina, Sirr und Vadan für all die Zeit danken, die sie ohne mich verbringen mussten, während ich mich dieser Aufgabe widmete.

Meinen Eltern Rose und Jack Less gilt meine tiefe Liebe.

Universelle Meditation

Rezepte für einen friedvollen Geist

INHALT

Universelle Meditation

Rezepte für einen friedvollen Geist

EINFÜHRUNG

An einem regnerischen Nachmittag vor neun Jahren in Sarasota, Florida durchstreifte ich die Regale eines dieser Mega-Buchläden. Als ich, wie üblich, die Abteilungen über Religion, Spiritualität, Psychologie und geistige Gesundheit durchstöberte, entdeckte ich zu meiner Überraschung eine ganze neue Sparte über Meditation, die es noch nicht gegeben hatte, als ich das letzte Mal in diesem Geschäft war. Seit über 30 Jahren hatte ich nun schon Meditation gelehrt und während dieser Zeit war ich immer glücklich, wenn ich ein neues Buch über Meditation pro Jahr fand. Nun sah ich eine Fülle neuer Bücher, große und kleine, vor mir.

Ich zog ein Buch aus dem Regal und fing an es durchzublättern. Es war voll von Lehren über die Geschichte, Philosophie und den Wert der Meditation. Jene Art von Auseinandersetzung, die einen Akademiker beschäftigen würde, aber nicht so besonders hilfreich für jemanden, der das Meditieren erlernen will, dachte ich. Ich fing an, andere Titel herauszuziehen und setzte mich schließlich auf den Boden und verbrachte den Nachmittag damit, die Bücher durchzusehen.

Allen gemeinsam schien zu sein, dass viele Worte über Meditation und entweder überhaupt keine Anweisungen über die Ausführung, oder so komplexe Anweisungen gemacht wurden, dass man anstatt zu meditieren eher mit Lesen beschäftigt war. Der Gesamteindruck, der sich mir vermittelte, war der einer Intention, Meditation als etwas Unerreichbares erscheinen zu lassen, das nur wenigen Auserwählten zugänglich ist.

Meditation: Schwer oder leicht

Heute reden und schreiben viele Leute über Meditation, deshalb werden Sie vermutlich schon wissen, dass Meditation entspannend wirken soll, dass sie helfen kann, sich zu konzentrieren (die Aufmerksamkeit auszurichten) und mehr Energie zu spüren. Aber vielleicht haben Sie auch den Eindruck, dass Meditation unglaublich schwierig ist, dass es zu mühsam klingt das Denken zu beruhigen, wenn man stattdessen auch tanzen, Musik hören, fernsehen, mit Freunden reden oder essen könnte, Aktivitäten, die doch so viel interessanter und einladender erscheinen.

Wenn man nicht weiß, wie Meditation funktioniert oder wie sie sich anfühlt, oder wenn man denkt, dass alle außer einem selbst wissen, wie es geht, führt das letztendlich zu Verwirrung. Weil Meditation immer noch mit Mysterium, Spiritualität oder fremder Religion, Gebet oder sogar Entbehrung und Verzicht in Verbindung gebracht wird, geht man davon aus, dass sie nicht für einen selbst geeignet ist, oder dass sie einfach zu schwierig zu lernen ist.

In diesem Buch hoffe ich, die tatsächliche Erfahrung der Meditation zu vermitteln und sie aus ihrer exotischen Umgebung in das tägliche Leben zu bringen, das von uns allen gelebt wird, egal wie wir leben, egal wer wir sind. Was ich hier anbiete, ist eine Reihe von Meditationen, die jeder machen kann, so dass Sie, die Leserin, der Leser, die tatsächliche Erfahrung der Meditation machen können, wie sie in Ihrem Geist und in Ihrem Körper stattfindet. Wenn Sie diesen Meditationen folgen, wird es Ihnen helfen, Meditation zu erlernen. Meditation zu lernen wird etwas in Ihr Leben bringen, das in unserer technologisierten Gesellschaft oft fehlt: bewusste Ruhe des Geistes, der Gedanken und Verstandesaktivitäten.

Meditation 101

Lassen Sie uns damit beginnen, einiges über Meditation und was sie bewirkt, zu verstehen. Meditation ist die Praxis, das »Denkelement« des Geistes zu leeren. Viele Menschen setzen das Denkelement gleich dem ganzen Geist, aber es ist nur ein Teil des Geistes. Wenn wir diesen Aspekt des Geistes beruhigen, schaffen wir damit Raum für ein höheres Bewusstsein, welches dann durchkommen kann. Dieses Buch bietet in klarer und direkter Weise Anleitung, Anweisung und Inspiration für alle, deren

Wunsch es ist, Meditation zu lernen und für Meditierende, die bereit sind, ihre Praxis zu vertiefen. Mit diesem Buch wird Meditation von Anfang an ein Leichtes sein.

In den letzten 20 Jahren hat die wissenschaftliche Forschung aufgezeigt, dass Meditation einen entspannten Geisteszustand bewirkt. Die Forschung hat enthüllt, dass in diesem entspannten Zustand, hoher Blutdruck sinkt, sich Schlafschwierigkeiten auflösen, Ängste schwinden, Energie zunimmt und Kreativität gefördert wird. Die erwiesenen gesundheitlichen Vorzüge eines entspannten Geistes sind zahlreich und es liegen Beweise in Hülle und Fülle vor, dass die Praxis der Meditation eine allgemeine Steigerung der Kraft und des Magnetismus unserer mentalen und emotionalen Verfassung bewirkt.

Die Notwendigkeit eines ruhenden Geistes

Die Welt, in der wir leben, zieht unsere Gedanken und unser Seelenleben ständig nach außen, in intensive geistige Aktivität. Der Druck und Stress des täglichen Lebens kann unseren Sinn für unser inneres Wohlbefinden so belasten und verdrehen, dass es schwierig wird, echte Entspannung zu finden, wenn wir nicht gerade in die Ferien fahren. Und selbst dann finden wir sie manchmal nicht. Nach einiger Zeit beginnt dieser Mangel an Ruhe unsere Beziehungen zu belasten, unsere Bedürfnisse zu verfälschen und unsere Vitalität und kreative Energie einzudämmen.

Das kann dazu führen, dass wir Verhaltensmuster entwickeln und Entscheidungen treffen, die wir als falsch empfinden. Aber wir wissen nicht, wie wir sie korrigieren könnten.

Nicht nur, dass wir unseren natürlichen Rhythmus verloren haben, wir können uns nicht einmal mehr daran erinnern, dass wir einen solchen hatten.

Dieser verzerrte Zustand spiegelt sich in der andauernden, unerbittlichen Aktivität unserer Gedanken wider. Wir hetzen im Schnellgang durch unsere täglichen Aufgaben und Verpflichtungen in der Arbeit und zu Hause, machen dabei mehrere Sachen gleichzeitig und telefonieren noch mit unseren Handys. Dass ein Gedanke sofort dem nächsten folgt und diesem sofort wieder der nächste, ist der Rhythmus, den viele Leute für den normalen Zustand des Gehirns halten und akzeptieren. Das kann so sehr Teil Ihres Lebens geworden sein, dass Sie nicht glauben, dass Ihr Verstand jemals Stille und Ruhe erleben könnte.

Der Verstand ist ein Muskel

Die Wahrheit ist, dass jeder Mensch meditieren kann. Es ist nichts Mystisches daran. Das Gehirn ist wie ein Muskel und der Verstand ist wie ein Muskel. Wir wissen, dass das Einüben neuer und fordernder Aufgaben, wie das Erlernen einer Fremdsprache, Schach oder Stricken – Aufgaben, bei denen wir immer fortgeschrittenere Stufen durchlaufen –

das Gehirn entwickelt und den Verstand auf neue Weise trainiert. Diese Art der Aktivität ist häufig tief befriedigend. In der Tat ist das tägliche Üben von etwas ganz Beliebigem fordernd und befriedigend zugleich, weil es uns über das hinauswachsen lässt, was wir bereits gewohnheitsmäßig tun. Es ist ein Akt von Bewusstheit, der uns in neue Bereiche trägt. Ebenso wie das tägliche Trainieren des Körpers Kraft, Beweglichkeit und Gesundheit des Körpers fördert, entwickelt die tägliche Praxis der Meditation die Stärke, Beweglichkeit und Gesundheit des Geistes.

Für die meisten Menschen ist die Idee, dass der Verstand ein Instrument ist, das trainiert werden kann, ein neuer Gedanke. Aber den Verstand kann man sogar leichter trainieren als den Körper. Als Tiger Woods anfänglich mit so großem Erfolg förmlich über die Golfszene »hereinbrach«, gab es viele Interviews mit ihm und seinem Vater über die Art des erhaltenen Mentaltrainings, das ihm geholfen hat die notwendige intensive Zielstrebigkeit und Konzentration aufrecht zu erhalten, die man braucht, um ein Turnier zu gewinnen. Beide Männer sprachen über viele Jahre Mentaltraining, zusätzlich zum Training des Golfspiels. Die Stärke der erfolgreichsten Athleten hängt von ihrem mentalen Training ab, denn die harte Arbeit und die perfekte Kondition des Körpers muss ohne mentale Störungen zur Wirkung kommen.

Stille

Die Essenz der Meditation liegt nicht darin, was Sie tun, während Sie meditieren, sondern eher darin, was dahinter passiert. Meditation ist die Übung, das Denk-, Fühl- und Reaktionselement des Geistes zu verlangsamen, um eine Möglichkeit für Stille zu schaffen. Man könnte jeden Tag 15 Minuten lang in Stille sitzen, wenn dabei aber der Verstand aufgeregt oder durch Bewegung eingetrübt ist, so ist das nicht Meditation. Anders herum, können zum Beispiel Tanzen und Musizieren durchaus Meditation sein, wenn der Verstand dabei nicht im Reagieren und Denken, sondern eher ganz entspannt und durchflutet von der Musik oder der Bewegung ist. In dieser gedanklichen Stille wird es möglich, die Wiedervereinigung von Atem, Geist, Herz und Körper zu erleben. Und im Erleben dieser Einheit fangen wir an zu fühlen, wie unser natürlicher Rhythmus sich entfaltet.

Indem wir einen Raum schaffen, wo wir unseren natürlichen Rhythmus spüren können, werden durch die Meditation einige unserer gewohnten Zweifel und Befürchtungen entfernt, die unsere Sichtweise prägen, durch die wir unser Alltagsleben betrachten. So tritt eine positivere und optimistischere Sichtweise unseres Wesens zu Tage. Wenn sich unsere Persönlichkeit unter den gegebenen Bedingungen des Lebens wohler fühlt, empfinden wir, dass Meditation uns hilft, auch in Situationen einen Sinn zu finden, die uns sonst vielleicht bedeutungslos vorgekommen wären.

Durch Meditation lernen wir ein Bewusstseinsfeld zu erfahren, welches sich eher mit Einheit – »die Welt und die Menschheit als ein Ganzes« – als mit Individualismus und Getrenntsein identifiziert.

Auf diese Weise zeigt uns Meditation den inhärenten Wert auf, der darin liegt, in Harmonie mit anderen Menschen, mit der Natur, der Umwelt und mit uns selbst zu sein. Meditation ist nicht aufregend. Ihr Ziel ist Stille, was das Gegenteil von Aufregung ist. Aber Stille bedeutet nicht Passivität. Stille bereitet einen Raum, um bewusst mit Imagination, Atem, Kreativität, Erinnerung, Gefühl und den Sinnen zu arbeiten. Meditation kann spielerisch, erfinderisch, erforschend sein. Sie kann auch sinnlich sein. Durch die Praxis der Meditation steigern unsere Sinne ihre Aufnahmefähigkeit und unsere sinnlichen Erfahrungen haben oft eine größere Tiefe.

Bewusste Absicht

Einige der Übungen in diesem Buch zeigen, wie man die Elemente (Erde, Luft, Wasser und Feuer) und ihre charakteristischen Heilkräfte nutzt. Andere Meditationen betrachten die Natur oder die Energie verschiedener Tiere. In jeder Meditation ist der Geist aktiv. Diese Aktivität entspricht einer inneren Ausrichtung, empfohlen durch die Übung, die als Ergebnis aus der Stille entstehen kann. In diesen Meditationen nutzen wir den natürlichen Impuls des Verstandes, interessiert und engagiert zu sein und trainieren diese Energie auf einen ruhigen und harmonischen Rhythmus hin.

Meditation muss wie jede andere Fähigkeit erlernt und geübt werden. Um zu lernen und zu üben, braucht man eine bewusste Absicht. Man muss am Anfang anfangen - was heißt, man muss diesen unbeholfenen und unbequemen Abschnitt durchlaufen, bei dem man Anfänger von etwas ist. Wobei man dann natürlich den Wunsch verspürt, sofort gut darin sein zu wollen.

Körper und Geist vorbereiten

VORBEREITUNG

Sich bereit machen: Den Körper still werden lassen, den Atem wahrnehmen

Der erste Schritt in der Meditation besteht darin, den Körper zu beruhigen. Dieses einfache Training ist der Kern aller Disziplin, Konzentration und der Willensentwicklung. Eine Art und Weise dies zu lernen, besteht darin, darauf zu bestehen, dass der Körper eine bestimmte Zeit lang bewegungslos bleibt. Das brauchen nur zwei oder drei Minuten zu sein, aber es vermittelt Körper und Geist die Idee, dass der Geist die Kraft besitzt, Kontrolle auszuüben.

Probiere das Folgende gleich jetzt aus. Sage deinem Körper, dass er still zu sitzen hat – völlig bewegungslos, mit Ausnahme des Atems – zwei Minuten lang, egal was passiert.

Schließe deine Augen und während du still sitzt, beobachte deinen Körper, wie er reagieren will, indem er sich bewegt, hustet, zuckt, juckt oder blinzelt, oder mit einer ähnlichen Reaktion ausdrücken möchte: »Du kannst mich nicht still kriegen.«.

Wenn wir unsere Körper trainieren, jeden Tag zwei Minuten still zu sitzen (das geht mit einer einfachen Stoppuhr), können wir nach einiger Zeit drei Minuten lang still sitzen, dann vier Minuten und so weiter. Schließlich kann der Geist vom Körper fordern, eine halbe Stunde oder sogar länger still zu sein. Während der Geist langsam den Körper trainiert, wird der Körper schließlich natürlicher und einfacher auf die Aufforderung zur Stille reagieren. Nach einiger Zeit kannst du lernen, einen ruhigen Geist zu haben, während dein Körper in Bewegung ist. Aber am Anfang ist es entscheidend, die Fähigkeit zu entwickeln, den Körper bewegungslos (aber nicht starr) zu machen und diesen unbeweglichen Zustand einige Zeit halten zu können. Während du dem Körper beibringst still zu sitzen, kann es sein, dass dein Verstand aktiv bleibt. Es ist hilfreich, das als eine Art »Übungszeit« zu begreifen, in der du meditierst, obwohl du dich noch nicht der Beruhigung des Verstandes gewidmet hast.

Viele Leute meinen, sie können niemals lernen, ihren Körper längere Zeit still zu halten – etwa ein oder zwei Stunden. Und doch kenne ich hunderte Menschen, die das führen, was wir ein ganz normales, alltägliches Leben nennen würden, die die Fähigkeit entwickelt haben, lange Zeiten bewegungslos zu sitzen. Sie haben den Wunsch und die Absicht, ihre Energie ganz auf die Entwicklung dieser Fähigkeit zu richten. Jeden Tag nehmen sie sich einen bestimmten Zeitraum, um Meditation zu praktizieren.

Vier einfache Schritte

Es gibt vier einfache Schritte, die dir dabei helfen werden, deinen Körper ruhig werden zu lassen und jeder dieser Schritte wird am Anfang mehr Energie erfordern. Später werden diese Abläufe durch Wiederholung automatisiert.

Der erste Schritt besteht darin, mit gekreuzten Beinen auf dem Boden zu sitzen, wenn das möglich ist. Wenn du nicht am Boden sitzen kannst, setze dich auf einen Stuhl, idealerweise auf einen mit gerader Lehne, und stelle die Füße fest auf den Boden. Wenn deine Füße nicht bis auf den Boden reichen, dann lege ein festes Kissen unter. Wenn du nicht auf einem Stuhl sitzen, aber auf dem Rücken liegen kannst, so ist das auch eine akzeptable Stellung. Du kannst auch ein Meditationsbänkchen benutzen.

Wenn du am Boden sitzt, ist es wichtig, das Becken zu heben, indem du auf einem festen Kissen oder zusammen gefalteten Decken so hoch sitzt, wie nötig ist, um mit angenehm aufrechtem Rücken und gekreuzten Beinen zu sitzen. Zusätzlich ist für die meisten Menschen, besonders für diejenigen über 45, irgendeine Art Polsterung für die Knie notwendig.

Ich benutze eine aufgerollte Baumwolldecke in Doppelbettgröße unter jedem Knie. Manche Menschen benutzen gefaltete oder gerollte Handtücher oder feste Kissen. Manchmal, auf Reisen benutze ich einen Stapel Bücher mit einem Handtuch darüber. Die Knie sollten fest auf der unterstützenden Unterlage ruhen und in keiner Weise frei beweglich sein. Auf diese Weise werden die Knie gefühlsmäßig mit dem Boden verbunden und die Hüftgelenke entlastet.

Nimm dir Zeit dafür, genau herauszufinden, was du brauchst, damit sich dein Körper völlig entspannt anfühlt. Wenn du einmal herausgefunden hast, was du brauchst, kannst du alles an einem Platz haben und das wird den Prozess, dich immer wieder aufs neue einzurichten, vereinfachen. Auch wenn dies kompliziert erscheinen mag, wird es einen großen Unterschied, in Bezug auf deine Fähigkeit länger bequem und still zu sitzen, machen. Ich habe Schüler, die fünf Minuten oder mehr benötigen, um sich für nur fünf Minuten des Sitzens in Meditation einzurichten. Aber der Gewinn jener fünf Minuten ist tief und fühlbar, wohingegen fünfzehn Minuten, selbst mit geringen Beschwerden zu sitzen, nicht förderlich ist. Der Körper muss es in der von dir gewählten Haltung so angenehm wie möglich haben.

Wenn du richtig sitzt, nimm einen tiefen Atemzug und hebe die Vorderseite des Brustkorbs. Dann bewege die Schulterblätter sanft in Richtung Wirbelsäule. Bringe deinen Kopf genau über deine Wirbelsäule und neige das Kinn leicht in Richtung Brust. Lasse alle Spannung aus den Schultern los. Wenn du Schwierigkeiten damit hast, die Schultern zu entspannen, ist es manchmal recht hilfreich, ein kleines, aufgerolltes Handtuch in die Achseln unter jeden Arm zu klemmen. Das hilft den Schultergürtel, ohne jede

Anstrengung für die Muskeln, in der richtigen Ausrichtung zu halten. Finde schließlich eine angenehme und natürliche Haltung für deine Hände. Ich lege meine Hände auf meine Knie, Handflächen nach unten, oder auf die Oberschenkel, Handflächen nach oben. Schließe die Augen sanft.

Es ist auch wichtig, den Kiefer entspannt zu lassen. Nach einem Monat des Übens im Sitzen, kannst du die Zungenspitze an den Gaumen legen, genau hinter die Schneidezähne.

Jetzt ist der Körper in einer angenehmen Haltung.

Der zweite Schritt besteht darin, ein klares inneres Signal an den Körper zu senden. Die Botschaft lautet: »Du wirst für den nun folgenden Zeitraum, still halten.« (so lange wie du meditieren möchtest). Das fühlt sich am Anfang vielleicht seltsam und künstlich an, aber wenn du es ausprobierst, wirst du verstehen, wie nützlich es ist, die Willenskraft zu entwickeln. Es liegt im Wesen des Körpers, dass er uns hundert Gründe liefert, warum er sich bewegen sollte, sobald wir ihm mitteilen, dass er jetzt still halten soll. Wir müssen husten, unsere Nase kratzen, unsere Fußgelenke bewegen, uns ein wenig zurück oder vorlehnen oder unsere Augen reiben.Wir bekommen Schluckkrämpfe und eine ganze Reihe anderer spontaner Ablenkungen. Aber wir lernen, die Macht des Willens über unseren Körper bewusst zu kultivieren und das geschieht, indem wir ihm eine genaue Gedankenbotschaft senden, die ihn wissen lässt, dass er nicht länger die Verantwortung hat.

Anfänglich musst du die tägliche Meditationsübung in dein Leben zwingen. Viele Menschen denken, sie hätten keine Willenskraft. Aber Willenskraft kann gelernt werden. Der Wille wird entwickelt, wenn du dir Ziele setzt und diese erreichst. Er entwickelt sich, wenn du eine bestimmte Richtung beibehältst, selbst wenn der argumentierende Verstand wegen dem Schmerz oder den Schwierigkeiten des Durchhaltens aufhören möchte. Der Wille wird auch entwickelt, wenn du kurzfristiges Vergnügen und Bequemlichkeit dem langfristigen Gewinn opferst.

Und schließlich entwickelt sich der Wille durch Wiederholung. Tätigkeiten, die unser Wohlsein fördern, werden, wenn sie regelmäßig wiederholt werden, immer unseren Willen stärken.

Den Körper zu trainieren ist an dieser Stelle, wie ein Kind zu trainieren und wir müssen die Rolle eines wohlwollenden Elternteils einnehmen. Einige Zeit der freundlichen, wiederholten Anweisung und Ermutigung wird die Gewohnheiten des Körpers verändern, so dass diese gewohnten »Bedürfnisse« sich zu bewegen verschwinden werden. Wir müssen gleichermaßen streng und freundlich sein. Ich erinnere mich daran, wie ich still mit meinem Bein sprach, dass sich unbedingt strecken wollte, ich sagte ihm: »Wenn du nur zehn Minuten wartest, kannst du die herrlichste Dehnung haben, also habe ein bisschen Geduld und ich weiß, du wirst die Belohnung genießen.«

Es ist wichtig, dass der Körper weiß, wie lang von ihm erwartet wird, still zu halten. Verwende eine Stoppuhr (ein einfacher Kurzzeitwecker reicht aus, oder ein Wecker an einer Armanduhr oder digitalen Uhr), damit der Körper sich darin üben kann, eine definierte Zeit lang still zu halten. Wenn du beginnst zu meditieren, ist es besser, wenn der Raum ruhig ist. Wenn das nicht möglich ist, können Ohrstöpsel manchmal helfen. Am Anfang ist es auch hilfreich, bei eher gedämpftem, als bei hellem Licht zu meditieren. Ausserdem muss der Geist wissen, dass ihm eine ungestörte Zeit zur Verfügung steht, die der Selbstwahrnehmung, Entspannung, innerer Bewusstheit und innerer Stille gewidmet ist. Also schalte das Telefon ab, hänge ein »Nicht stören« - Schild an die Tür und meditiere zu einer Zeit, wenn du keine Gäste erwartest. Zum Schluss möchte ich noch empfehlen, einen bestimmten Ort in deinem Heim und eine bestimmte Zeit des Tages für die tägliche Meditation zu wählen, da Körper und Geist durch Rhythmus und Regelmäßigkeit positiv beeinflusst werden.

Jetzt haben wir einen komfortablen, angenehmen Körper und wir haben einen ruhigen Körper.

Der dritte Schritt ist die Bewusstheit des Atems. Von allen Anweisungen, die über Meditation gegeben werden, ist die wichtigste, sich der Verbindung zwischen dem eigenen Bewusstsein und dem Atem zu erinnern. Atembewusstheit kann Meditation von der Erfahrung eines ruhigen Geistes zu einem lebensverändernden Ereignis transformieren.

Jede Meditationssitzung sollte mit der Bewusstheit des Atems beginnen. Nimm dir einen Augenblick, um deinen Atem zu beobachten, spüre den Atem, wie er in die Lunge ein- und wie er ausfließt. Dies ist der Punkt, an dem die Zeituhr startet. Wenn nicht bei einer speziellen Meditation anders angegeben, sollte der Atem gleichmäßig und normal sein. Der Atem sollte nicht tiefer oder flacher sein als er es ist, wenn du nicht meditierst (dafür ist es hilfreich, wenn du deinen Atem während deiner Tagesaktivitäten wahrnimmst).

Sei der Beobachter der Bewegung deines Atems. Spüre den Atem als ein Pendel, das nach innen und nach außen schwingt. Mache den Atem sanft, ohne irgendwelche Pausen oder Haken. Lasse den Atem sich rund anfühlen, auch an seinen äußeren Endpunkten, während er ganz natürlich steigt und fällt.

Jetzt haben wir einen angenehmen, stillen Körper in Atembewusstheit.

Der vierte Schritt betrifft jene unter uns, die an dieser Stelle einen plötzlichen Ansturm von Gedanken erleben, all die Dinge betreffend, die wir tun müssen und die unsere Aufmerksamkeit erfordern. Ich schlage vor, dass du dir vor der Meditation Stift und Papier bereitlegst und dir an dieser Stelle alle Bedürfnisse, Notwendigkeiten und Belastungen auflistest. Lass dich dabei selbst wissen, dass du dich ihnen zuwenden wirst, sobald die Meditation beendet ist.

Hier beauftragen wir wieder den Willen, die Verantwortung dafür zu übernehmen, wie die folgende Zeit sich gestaltet.

Manche Menschen finden diesen Schritt unnötig und viele tun das nur, solange sie Meditation erlernen. Ich habe einen Freund, einen Rabbi in seinen Achtzigern, der extatische Meditation erlebt und der diese Technik immer noch anwendet.

Der Verstand hat einen Rhythmus und dieser Rhythmus lässt sich nur langsam verändern. Viele Menschen erwarten, dass sie sofort, nachdem sie sich zur Meditation hinsetzen, in einen veränderten Zustand gelangen. Die Wirklichkeit ist üblicherweise ganz anders. Vielleicht erinnerst du dich daran, als du das erste mal versucht hast, Fahrrad, Ski oder Auto zu fahren. Es scheint so, als müsste es einfach sein und für manche Menschen ist es das auch. Aber für die meisten von uns ist es ein langsamer Prozess des Lernens und Übens.

Wenn Menschen Meditation erlernen, wird ihr Denken häufig während der Meditation zunächst schneller und dieser Rhythmus wird irgendwie als unangenehm wahrgenommen. Das ist nur ein Grund unter vielen, warum Menschen dann glauben, dass sie nicht meditieren können oder es für sie einfach nicht funktioniert. Es hilft in der Anfängerphase, wenn wir verstehen, warum der Verstand das tut.

Es gibt zwei Gründe, warum das Denken anfänglich seine Aktivität erhöht, wenn wir Meditation erlernen. Der erste ist, dass der Verstand nicht daran gewöhnt ist, Momente ohne äußere Stimulation zu erleben. Der zweite Grund ist der, dass wir bei der Meditation unsere Aufmerksamkeit auf den Geist lenken, der Verstand aber daran gewöhnt ist, selbst das Instrument des Geistes zu sein, das die Aufmerksamkeit hält und ausrichtet. Mit anderen Worten: der Verstand ist es nicht gewohnt, gesehen zu werden; er ist gewohnt, der zu sein, der sieht. In seiner unangenehmen Lage produziert er mehr mentale Energie – erhöht den Rhythmus – im Bemühen, den Akt des Denkens zu benutzen, um die neue, ungewohnte Lage zu überwinden.

Anfänglich mag es schwierig erscheinen, die notwendigen Anstrengungen zu unternehmen, um den Körper zu trainieren. Aber all die Anstrengung wird sich für Körper und Geist lohnen, wenn man tiefere und stillere Zustände der Bewusstheit erlebt. Der menschliche Körper ist der Tempel des Universums, aber alle Tempel, sogar die universellen, müssen auf ein festes Fundament gebaut werden.

Wie lang sollte man meditieren? Meditation jeglicher Zeitdauer ist besser als keine Meditation. Wenn du nur fünf Minuten hast, ist das besser als gar nichts. Idealerweise 20 Minuten am Morgen und 20 Minuten am Abend, als ein Minimum. Aber da wir nicht in einer idealen Welt leben – auch wenn du nur 15 Minuten am Morgen und überhaupt keine Zeit am Abend erübrigen kannst, dann mache das. Wenn du geübter in der Meditation wirst, werden immer längere Meditationszeiten ganz natürlich entstehen.

Anfänglich ist die richtige Methode um den Körper ruhig werden zu lassen, mit sehr kurzen Zeiten, drei oder vier Minuten, zu beginnen. Erhöhe jede Woche um eine oder zwei Minuten, wenn du keine Mühe damit hast, den Körper still zu halten. Baue das bis auf zwanzig Minuten aus.

Es gibt eine alte Geschichte, die besagt, dass Kaffee von Meditierenden entdeckt wurde, die häufig während der Meditation einschliefen. Das zeigt uns, dass das Problem, bei der Meditation einzuschlafen, schon eine Weile besteht. Viele der Meditationen in diesem Buch bieten dem Geist genug Stimulation um wach zu bleiben und genug Gleichmäßigkeit des Denkens um Frieden zu erfahren. Wenn du dich häufig dabei erwischst, wie du während der Meditation in den Schlaf abgleitest, achte darauf, dass du in der Nacht genügend Schlaf bekommst und meditiere am Morgen, wenn es leichter ist, wach zu bleiben. Außerdem muss angemerkt werden, dass Meditation den Geist einiger Menschen entspannt, die normalerweise nicht entspannen können, so dass die wenigen Minuten Schlaf, die in der Meditation erlebt werden, durchaus heilsam sein können.

Wenn du bequem sitzt, erinnere dich an die folgenden Schritte:

- Hebe sanft den Brustkorb.
- Ziehe die Schulterblätter sanft Richtung Wirbelsäule und entspanne die Schultern.
- Ziehe das Kinn sanft zurück, so dass du spürst, wie sich der Nacken dehnt.
- Neige das Kinn leicht zur Brust.

WIE MAN DIESES BUCH BENUTZT

Dies sind Vorschläge, keine Regeln. Einige Leserinnen und Leser werden vielleicht zuerst alle Meditationen durchlesen und sich dann dazu entschließen, ihr eigenes System und ihre eigene Technik des Auswählens zu entwickeln. Es gibt keine Meditationspolizei. Ich habe über 35 Jahre Meditation in der ganzen Welt gelehrt und diese Vorschläge sind nur das, was für die meisten Menschen am effektivsten erschien.

Am Anfang jeder Meditation wirst du eine ein- oder zweizeilige "Mini-Meditation" finden. Lies den Satz und nimm dir ein oder zwei Minuten Zeit, um über den Sinn nachzudenken. Das wird dir helfen, aus deinem üblichen Tagesdenken herauszukommen und dich auf dein tieferes Selbst auszurichten. Du könntest den Satz auch einige Male laut lesen.

Ein Ziel dieser kurzen Meditationen ist es, uns in einen entspannteren Zustand zu führen. Unserem reaktiven Denken wird signalisiert, dass es jetzt an der Zeit ist, nachdenklicher und reflektierend zu werden. Sie zu lesen und über ihren Inhalt zu reflektieren, bevor wir in die Meditationen eintreten, konstituiert ein kurzes Ritual, das uns in den meditativen Modus führt. Auf diese Weise konditionieren die

Mini-Meditationen den Verstand darauf, in einen Zustand der Ruhe einzutreten.

Außerdem sind die Mini-Meditationen konzentriert genug, um unserem Bewusstsein schnell eine subtile Botschaft zu vermitteln. An jenen Tagen, an denen einfach keine Zeit für eine 20-Minuten-Meditation bleibt, erhalten diese kurzen Gaben den regelmäßigen, täglichen Rhythmus der Praxis aufrecht.

Nach der Mini-Meditation, findest du die Hauptmeditation für den Tag. Bevor du die Meditation beginnst, lies sie ein paar mal durch. Schreibe die entscheidenden Punkte auf, oder lasse das Buch geöffnet vor dir liegen. Lies nun nur Schritt eins, dann schließe die Augen und probiere ihn aus. Wenn du jetzt, Schritt zwei nicht mehr erinnerst, öffne deine Augen und lies den zweiten Schritt noch einmal. Fahre genauso fort, bis du auf diese Art die gesamte Meditation erlebt hast.

Sei dir bewusst, dass die Meditationen während des Lernens länger dauern können, als die vorgeschlagene Zeit. Das Ziel ist es, mit der Meditation ganz vertraut zu werden, also nimm dir soviel Zeit wie notwendig ist.

Du kannst jeden Tag eine neue Meditation machen, wie im Buch vorgeschlagen. Alternativ kannst du aber auch eine Meditation einige Tage lang üben, bevor du zur nächsten übergehst. Beurteile die Meditationen nicht im Vorhinein.

Nach vier oder fünf Tagen, wirst du in der Lage sein zu spüren, ob du diese Meditation magst.

Es ist hilfreich, wenn man sich Notizen im Buch oder in einem Heft darüber macht, wie man jede Meditation erlebt und ob man diese Meditation gerne über einen längeren Zeitraum wiederholen möchte.

Manchmal gebrauche ich Ausdrücke, die für dich vielleicht ungewöhnlich sind. Wenn du etwas nicht so genau verstehst, wie du es dir wünschen würdest, dann erlaube deiner Imagination eine Bedeutung zu erzeugen, die zum Zeitpunkt deiner Meditation auftaucht. Beim Voranschreiten in der Praxis und dem Ausprobieren der Meditation, wirst du die Einsicht in das gewinnen, was anfänglich verwirrend erschien. Also, selbst wenn du den Eindruck hast, dass die Anweisungen nicht so klar sind, wie du sie dir wünschst, nähere dich der Meditation mit Offenheit und ein wenig Verwirrung und beobachte was geschieht.

Erinnere dich daran, dass das kein Unterricht ist, bei dem es darum geht, klüger zu werden oder eine perfekte Note zu erhalten. Die Meditationen sind ein Prozess, geschaffen, um dir zu helfen, weniger reaktiv und mit einem tieferen Sinn von Frieden und Wohlsein zu leben.

Der Kommentar zur Meditation des Tages wird dir etwas Nahrung zum Nachdenken geben und macht Vorschläge für Reflektionen über das Thema. Lasse dich von ihnen nähren, ohne allzu viel Anstrengung.

Ein Abschlusswort über das Lernen

Es gibt natürliche Rhythmen in unseren Leben und diese Rhythmen haben einen Einfluss auf den Lernprozess. Es wird Zeiten geben, wo dein Ego eine lange Liste mit Gründen hat, warum Meditation an diesem Tag oder in dieser Woche nicht möglich ist. Wenn du dich nicht nach Meditation fühlst, wird dein Rhythmus dein Bewusstsein dazu bewegen, sich eher nach außen als nach innen zu richten. Wenn Menschen innere Konzentration praktizieren, sich zum Beispiel drei Tage nach innen wenden, kann – das ist bekannt – am vierten Tag ein starker Drang auftreten, die Richtung zu ändern und den Fokus auf die äussere Welt zu lenken.

Beim Lernen ist es weise, sich darin zu üben, diese Tendenzen zu überwinden und ein Versprechen abzulegen, dass du unabhängig von den Umständen, für eine bestimmte Zeitdauer, jeden Tag etwas Zeit für deine Meditation finden wirst. Auf diese Art und Weise hat ein tieferer Rhythmus Zeit, eine Dominanz zu entwickeln und den eher oberflächlichen Rhythmus zu überwinden. Dieser tiefere Rhythmus erzeugt, wenn wir ihn nähren, einen fest verwurzelten Willen und verkleinert den Einfluss des reaktiven Denkens.

Wenn du dich entscheidest, Meditation zu einem Teil deines täglichen Lebens zu machen und ich hoffe du wirst das tun, dann empfehle ich dir, mindestens drei Monate zu warten, bevor du deinen Fortschritt bewertest. Verpflichte dich, drei Monate lang diese Meditationen täglich zu praktizieren. Am Ende dieser Zeit wirst du eine feine oder auch deutlichere Veränderung in deinem Energieniveau und in deiner Beziehung zu deinem Geist und deiner Umgebung erkennen.

Es ist auch wünschenswert, wenigstens ein Minimum an Vertrauen zu haben, dass das Meditieren letztendlich Stille in deinen Geist bringen und deine Psyche erhellen wird. Wie bei vielen neuen Projekten in unserem Leben, wird die anfängliche Begeisterung mit der Zeit nachlassen. Das Vertrauen muss diese Lücke zwischen anfänglicher Begeisterung und langfristigen Ergebnissen überbrücken. Du kannst dich immer der Geschichte der Meditation zuwenden und dich daran erinnern, dass diese Praxis tausende Jahre alt ist, in vielen verschiedenen Zivilisationen existierte und ihre Beliebtheit bis heute bewahrt hat. Es muss etwas dran sein.

Meditation: Im Rückblick

Haltung

Finde eine angenehme Sitzhaltung.

Hebe sanft den Brustkorb, ziehe die Schulterblätter in Richtung Wirbelsäule; entspanne die Schultern.

Neige sanft das Kinn in Richtung Brustkorb.

Finde einen angenehmen Platz für deine Hände und schließe sanft die Augen.

Entspanne Kiefer und Zunge.

Botschaft an deinen Körper

Sende eine klare innere Botschaft:

»Du wirst für die folgende Zeitdauer Stille bewahren.«

Atembewusstheit

Beobachte deine Atembewegungen.

Spüre den Atem, wie er ein- und ausfließt.

Lasse den Atem sanft und regelmäßig wie ein Pendel werden.

Den Geist entspannen

Identifiziere deinen Geist mit dem Atem.

Erlaube dir, ein Gleichgewicht zwischen frei fließender Imagination und ausgerichteten Gedanken zu finden.

Denke daran, dass das Gehirn wie ein Muskel ist, der durch die Übung stärker wird.

Vertraue darauf, dass du darin geübt und kompetent werden wirst.

Du bist BesitzerIn dieses Buches und BesitzerIn dieser Meditationen. Nutze sie mit Freude und Eifer und es wird Schönheit entstehen.

UNIVERSELLE MEDITATION

Woche Eins

Meditationen im Herzen

EINFÜHRUNG

Das Herz spielt bei der Meditationspraxis eine größere Rolle als der Kopf. Viele Menschen meditieren, um den Geist zu beruhigen, aber letztendlich ist es ein erwachtes Herz, das den Geist zur Ruhe kommen lässt. Das Herz, von dem hier die Rede ist, ist nicht so sehr das physische Organ, sondern eher eine bestimmte Sensitivität in jedem von uns, die durch Meditationsarbeit erweitert werden kann. Durch die Ausrichtung von Erinnerung und Fühlen in Verbindung mit unserem Atem erwecken wir das Herz. Die hier folgenden Meditationen erzeugen Sensitivität und Bewusstheit im Herzen.

1. Woche

Meditation im Herzen

MONTAG

Mini-Meditation

Die Schönheit und Harmonie der Natur ist ein Ausdruck meines eigenen Herzens.

Meditation

(Erster Teil höchstens 5 Minuten; zweiter Teil so lange du willst)

1. Erinnere Dich an den am inniglichsten und am tiefsten empfunden Ort, an dem du jemals gewesen bist – einen Ort, der dich so tief bewegt hat oder ein so wunderbares Gefühl in dir erweckt hat, dass du es nicht wirklich in Worte fassen kannst. Erschaffe das Bild dieses Ortes, so wie du ihn erinnerst, mit Geräuschen, Gerüchen und allen anderen sensorischen und leiblichen Erinnerungen. Erlaube dir ein Gefühl dieses Ortes in dir auftauchen zu lassen und erlaube deinem Herzen weich zu werden. Sitze mit diesem Gefühl für ein oder zwei Minuten.
2. Wenn du möchtest, dann notiere dir deinen Eindruck dieses Ortes mit einer kurzen Beschreibung, einem Gedicht, einer Skizze. Bewahre auf, was du geschaffen

hast und betrachte es mehrmals im Verlauf des Tages. Nimm dir jedes mal eine Minute Zeit, um dir deiner Gefühle bewusst zu werden.

Kommentar

In dieser Meditation benutzen wir Gedächtnis, Vorstellungskraft, Kreativität und Emotion, um den Rhythmus des Alltagsdenkens zu verändern. Es ist eine »Erfrischungspause«, aber anstelle einer Pepsi benutzen wir die Schönheit der Natur, um unser Herz zu entspannen. Wenn du den zweiten Teil befolgst, wird beides, sowohl das Schreiben als auch das Betrachten dessen, was du geschrieben oder skizziert hast, dein Bewusstsein für deine Gefühle über den ganzen Tag hinweg erweitern.

1. Woche

Meditationen im Herzen

DIENSTAG

Mini-Meditation

Die Schönheit des Universums spiegelt sich im Gesicht eines unschuldigen Kindes.

Meditation

(7 bis 10 Minuten)

1. Rufe dir die warmherzigste Person, die du je getroffen hast, ins Gedächtnis – eine Person, zu der du dich unerklärlich stark hingezogen fühltest, deren Herz zu deinem Herzen gesprochen hat. Stelle dir vor, diese Person sitzt jetzt in diesem Moment bei dir, vielleicht hält sie dich sogar, (wenn das passt).
2. Stelle dir vor, dass ihr wunderbares und liebendes Herz in Wirklichkeit dein eigenes Herz ist. Sitze in diesem Erleben fünf oder zehn Minuten lang.

Kommentar

Hier arbeiten wir mit einem der großen Geheimnisse der Meditation: sich auf jemanden anderen als sich selbst zu konzentrieren. Für unsere Kreativität ist es oft leichter sich zu betätigen, wenn wir ihr erlauben, sich eine andere Person vorzustellen. Indem wir uns das Herz eines anderen als unser eigenes Herz vorstellen, verringern wir auf natürliche Weise den Zugriff des Egos.

1. Woche

Meditation im Herzen

MITTWOCH

Mini-Meditation

Die Freude meiner Seele lässt mein Herz tanzen.

Meditation

(5 bis 15 Minuten)

1. Schließe deine Augen und höre/spüre den Puls deines Herzens. Wenn du damit Schwierigkeiten hast, lege deine Fingerspitzen leicht auf die Halsschlagader, das Handgelenk oder eine andere Stelle des Körpers, wo du den Puls leichter fühlen kannst.
2. Denke bei jedem Herzschlag still das Wort LIEBE. Mache das ein bis drei Minuten lang.
3. Wechsle dann zum Wort FREUDE für ein bis drei Minuten.
4. Denke dann für ein bis drei Minuten das Wort SCHÖNHEIT
5. Sei dir eine Minute lang gleichzeitig deines Pulses und deines Atems bewusst.

Kommentar

Viele Meditationen beginnen damit, uns auf den Rhythmus des Herzens einzustimmen. Für den Verstand ist es ganz normal, sich in einem viel schnelleren Rhythmus als dem des Pulses zu bewegen. Die Aufmerksamkeit auf den Herzschlag zu richten, bewirkt, dass sich unser Denken verlangsamt und es macht uns bewusst, dass wir eine greifbare innere Uhr in uns haben. Wir können uns angewöhnen, ab und zu einen Blick auf sie zu werfen. Indem wir ein Gefühl mit unserem Herzschlag verbinden, beginnen wir zu erkennen, dass wir unsere Erfahrungen selbst erschaffen und ausrichten können.

1. Woche

Meditation im Herzen

DONNERSTAG

Mini-Meditation

Mein Herz ist eine Tür,
die immer offen steht.

Meditation

(6 bis 9 Minuten)

1. Visualisiere einen wunderschönen, offenen Torbogen in der Mitte deiner Brust, in der Gegend des Brustbeins und erlaube dem Strom (oder Gefühl) deines Atems durch dieses Tor ein- und auszufließen. Führe das ein bis drei Minuten fort.
2. Wenn du den Strom deutlich spüren kannst, stelle dir vor, dass du Licht und Energie ein- und ausatmest. Führe das ein bis drei Minuten fort.
3. Wenn/sobald du beides spüren kannst, Energie und Licht, atme Liebe ein und aus. Führe das ein bis drei Minuten fort.

Kommentar

Für viele Menschen sind Meditationen, die sich auf das Herz ausrichten am leichtesten zu spüren. Hier führen wir das Bewusstsein des Herzzentrums (Chakras) ein; und das Licht und die Energie des Atems. Du kannst diese Meditation zwei oder drei Mal am Tag machen, bis du die Empfindung in der Mitte der Brust leicht wahrnehmen kannst. Beachte den Unterschied zwischen Licht und Energie. Wir erkennen Licht; wir erfahren Energie.

1. Woche

Meditation im Herzen

FREITAG

Mini-Meditation

Himmel und Erde treffen sich
in meinem Herzen.

Meditation

(7 bis 10 Minuten)

1. Diese Meditation dient der Entspannung des Herzens. Fühle deinen Puls, entweder von außen mit der Hand oder indem du sehr still wirst und ihn innerlich spürst.
2. Atme Liebe, Licht und Energie durch das Herzzentrum in der Mitte deiner Brust ein und aus.
3. Stelle dir mit jedem Atemzug vor, wie das Herzzentrum jegliche Eindrücke loslässt (aufgibt), die seinen reinen Zustand verdecken. Versuche weder herauszufinden noch zu bewerten, wo diese Eindrücke herkommen oder warum gerade dieser Eindruck deinem Denken oder deinem Herzen jetzt bewusst wird. Führe das 5 bis 10 Minuten fort.

Kommentar

In dieser Meditation führen wir die Fähigkeit zur Selbstreinigung ein. Die Absicht, Eindrücke loszulassen wirkt befreiender als zu bewerten, was gut oder schlecht ist oder was behalten und was losgelassen werden sollte. Es ist wichtig, sich nicht zu sehr mit den gelösten Eindrücken zu befassen, sondern stattdessen einfach der Beobachter zu sein.

1. Woche

Meditation im Herzen

WOCHENENDE

Mini-Meditation

Wenn dein Herz sehen könnte,
wie würde es dich sehen?

Meditation

(12 bis 20 Minuten; 3 bis 5 Minuten pro Abschnitt)

1. Stelle einen Gedanken oder ein Gefühl der Vergebung in dein Herz; lasse ihn mit jedem Ausatmen langsam in jede Zelle deines Körpers ausbreiten. Erlaube der Empfindung von Vergebung zu allen Gedanken deines Geistes hin zu wachsen. Dann lasse diese Empfingung von Vergebung sich zu allen Gefühlen deines Emotionalkörpers ausbreiten.
2. Stelle einen Gedanken oder ein Gefühl des Mutes in dein Herz; lasse ihn mit jedem Ausatmen langsam in jede Zelle deines Körpers ausbreiten. Erlaube der Empfindung des Mutes zu allen Gedanken deines Geistes hin zu wachsen. Lasse sie zu allen Gefühlen deines Emotionalkörpers ausbreiten.

3. Stelle einen Gedanken oder ein Gefühl der Tiefe in dein Herz; lasse ihn mit jedem Ausatmen langsam in jede Zelle deines Körpers ausbreiten. Erlaube der Empfindung der Tiefe zu allen Gedanken deines Geistes hin zu wachsen. Lasse sie zu allen Gefühlen deines Emotionalkörpers ausbreiten.
4. Stelle einen Gedanken oder ein Gefühl der Liebe in dein Herz; lasse ihn mit jedem Ausatmen langsam in jede Zelle deines Körpers auszubreiten. Erlaube der Empfindung der Liebe zu allen Gedanken deines Geistes hin zu wachsen. Lasse sie zu allen Gefühlen deines Emotionalkörpers ausbreiten.

Kommentar

So wie das Blut des ganzen Körpers ständig durch unser Herz fließt, ziehen die vorgeschlagenen Gedanken und Gefühle in der Meditation durch unser Herz. Das erinnert uns auch daran, dass wir unser Bewusstsein auf der zellulären Ebene beeinflussen können. Mit anderen Worten: wir berühren unsere DNS mit einem selbst gewählten Aspekt des Bewusstseins. Wenn du diese Meditation gemeistert hast, kannst du sie als tägliche Übung weiterführen, wenn du das möchtest.

2. Woche

Meditationen über Schönheit

EINFÜHRUNG

In der Meditationsarbeit würdigen wir sowohl das, was wir mit unseren Augen äußerlich sehen, als auch das, was wir innerlich wahrnehmen. Schönheit, die die Manifestation von Liebe ist, kann in der Weise gewürdigt und verinnerlicht werden, dass sie in uns die Sehnsucht nach Ganzheit weckt. Schönheit ist das Geschenk, das Herz und Geist auf natürliche Weise inspiriert, nach tieferen Schichten des Seins zu suchen.

Für diejenigen, die noch unerfahren in Meditation sind, kann Schönheit eine Inspiration und Katalysator für die Veränderung des eigenen Bewusstseins werden. Wenn unsere Augen offen für Schönheit sind, sehen wir das Wunder der Schöpfung im Gesicht eines Kindes, den Farben des Sonnenuntergangs und dem Wehen des Windes. Noch wichtiger ist, dass wir die subtile Schönheit hinter der manifestierten Schönheit erkennen. Wenn wir Schönheit auf diese Weise erfahren, wandelt sich Meditation von einer Übung in ein beseeligendes Geschenk.

2. Woche

Meditationen über Schönheit

MONTAG

Mini-Meditation

Die Blüte der Rose ist manifestierte Liebe.
Der Dorn der Rose ist versteckte Schönheit.

Meditation

(30 Sekunden pro Abschnitt; wenn die Meditation wiederholt wird, erhöhe bis zu 3 Minuten pro Abschnitt)

1. Sieh dir das Bild der Rose an.
2. Schließe deine Augen und stelle es dir detailgetreu vor. Dann öffne deine Augen wieder.
3. Schließe deine Augen und sieh die Rose dreidimensional in dir.
4. Stelle dir den Duft der Rose vor.
5. Optional: Erinnere dich während des ganzen Tages an den Duft.

Kommentar

Dies ist die erste Meditation, für die wir eine Stütze brauchen. Verwende entweder das Foto, das hier eingefügt wurde, oder mache dir das Vergnügen, ein Bild deiner vollkommenen Rose zu finden. Du kannst auch eine echte Rose benutzen. Wenn du eine echte Rose benutzt und du die Meditation wiederholt machen möchtest, wird sich das Objekt der Konzentration jedes Mal verändern, was es schwieriger macht. Auf der anderen Seite ist es oft einfacher, sich auf ein lebendes Objekt zu konzentrieren als auf ein Bild.

Das Ziel dieser Meditation ist die Übung des Nachbildens und Haltens eines Bildes in deinem Geist. Die Konzentration des Geistes ist einer der Grundsteine für erfolgreiche Meditation.

2. Woche

Meditationen über Schönheit

DIENSTAG

Mini-Meditation

Eine schöne Erinnerung aus der Vergangenheit erschafft Schönheit in der Gegenwart.

Meditation

(7- 15 Minuten)

1. Schreibe die drei schönsten Erinnerungen deines bisherigen Lebens auf - Erlebnisse, die dein Leben verwandelt haben, die mit einer Person, einem Ort oder einer Erscheinung zu tun hatten. Mindestens eine Erinnerung sollte aus deiner Kindheit und eine aus der Jugendzeit stammen.
2. Spüre nun die Emotion hinter deiner ersten Erinnerung. Schreibe sie auf deine Liste.
3. Wiederhole dasselbe mit der zweiten und dritten Erinnerung.
4. Finde diese Emotionen jetzt in dir und prüfe, ob sie Teil deines momentanen Lebens sind. Wenn dem so ist, verstärke sie mit deinen Gedanken. Wenn sie nicht präsent sind, dann lade sie durch Imagination ein, es wieder zu werden.

Kommentar

Diese Meditation richtet das Gedächtnis auf ein positives Ziel aus. Das Gedächtnis, das ein Teil des Geistes ist, kann durch das beeinflusst werden, woran wir uns erinnern wollen. Wenn wir Schönheit auf die Leinwand unseres Denkens projizieren, wird die Funktionsweise des Denkens harmonischer und schöner. Diese Meditation ist sehr empfehlenswert für Menschen, deren Arbeit sehr analytisch ist.

2. Woche

Meditationen über Schönheit

MITTWOCH

Mini-Meditation

Wenn der Baum der Liebe Früchte hervorbringt, ist dies Schönheit.

Meditation

(5 bis 10 Minuten)

1. Stelle dir einen wunderschönen Baum vor. Mit Wurzeln, die sich tief im Planeten Erde verzweigen und von dort Frieden und Liebe beziehen. Der Stamm ist aus Ausdauer und Loyalität geschaffen, die Blätter aus Freude und die Früchte aus Schönheit.
2. Stelle dir jedes der 4 Teile einzeln eine Minute lang vor:

Wurzeln .... Frieden und Liebe
Stamm .... Ausdauer und Loyalität
Blätter .... Freude
Früchte .... Schönheit

Kommentar

Diese Meditation ist sehr wirksam für Menschen, die sich selbst anscheinend nie in dieser Welt verwurzeln können. Das Bild des Baumes, der im Planeten Erde verwurzelt ist, erzeugt eine unterbewusste Einstimmung auf Stabilität und Festigkeit. Wenn es dir schwer fällt, diese Meditation in der Vorstellung zu machen, dann übe, indem du das Bild des Baumes zeichnest oder malst.

2. Woche

Meditationen über Schönheit

DONNERSTAG

Mini-Meditation

Es ist die Arglose, die Schönheit erlebt.
Es ist der Arglose, der Schönheit erlebt.

Meditation

(5 bis 10 Minuten)

1. Betrachte jedes der Bilder hier oben eine Minute lang.
2. Nachdem du jedes einzelne betrachtet hast, schließe deine Augen und nimm wahr, welches Gefühl es in dir wachgerufen hat.

Kommentar

Diese einfache Meditation kann dich, wenn sie einige Tage fortlaufend geübt wurde, mit verborgenen Gefühlen zu nährenden Aspekten deines Wesens, zu Tod und Altern und mit deiner Beziehung zum Weiblichen in Verbindung bringen. Allmählich verschiebt diese Meditation das Bewusstsein von einer reaktiven Geisteshaltung hin zu einer eher intuitiven, zirkulierenden, periodischen Modalität. Diese Meditation birgt in sich noch eine tiefere Ebene, in der man Transzendenz erfahren kann.

2. Woche

Meditationen über Schönheit

FREITAG

Mini-Meditation

Reiner Klang führt in die Erfahrung von Schönheit

Meditation

(5 Minuten)

1. Du wirst eine klar nachschwingende Klingel oder Glocke brauchen. Es kann auch ein halb mit Wasser gefülltes Weinglas oder eine Kristallschale sein.
2. Setze dich bequem hin und schlage die Klingel oder Glocke viermal in der Minute an – fünf Minuten lang. Verfeinere deinen Hörsinn.

Kommentar

Nimm den Augenblick wahr, an dem der Klang entsteht… das Echo des Klangs…die Erinnerung des Klangs…und den Klang der Stille. Wir können jeden unserer Sinne darauf trainieren, rückwärts zu arbeiten, von der physischen Reaktion auf einen äußeren Reiz hin zu einem inneren Gespür des Gewahrseins, das nicht durch außere Ereignisse definiert wird. In diesem Zustand ist der Sinn nicht nur einfach passiv, sondern eigentlich ist er kreativ. Beispielsweise können wir unsere Augen gleichermaßen als Organe nutzen, die Licht ausstrahlen und empfangen.

2. Woche

Meditationen über Schönheit

WOCHENENDE

Mini-Meditation

Schönheit ist die Manifestation der Liebe, und Liebe ist die Schöpferin der Schönheit

Meditation

(20 Minuten)

1. Stell dir fünf Personen aus deinem Leben vor, die du geliebt hast. Schreibe sie auf. Schau, ob du die starke Leidenschaft wiederherstellen kannst, die du für jede dieser Personen auf dem Höhepunkt eurer Beziehung empfunden hast. Spüre diese Leidenschaft im Herzzentrum. Ermutige das Herz, eine schöne Manifestation für dieses Gefühl zu gebären. Das kann eine schöne Form, ein Gedanke oder Gefühl, ein Gedicht, eine Melodie oder ein Symbol sein.
2. Während die Konzentration des Bewusstseins im Herzen bleibt, atme ein und denke: »Schönheit ist …« atme aus und denke: »… der Ausdruck der Liebe.« Wiederhole das mindestens zehn höchstens zwanzig Atemzüge lang.

Kommentar

Diese Meditation soll keine Leidenschaft auf persönlicher Ebene auffrischen. Die Erinnerung an eine leidenschaftliche Liebe, die wir für eine Person empfanden, ist der Ausgangsgedanke, der die Energie der Leidenschaft in unserem Herzen entfacht. Dann fahren wir in dieser Meditation damit fort, die Energie der Leidenschaft zu nutzen, um Schönheit zu schaffen. Diese Meditation übt uns darin, Leidenschaft auszubalancieren. Wenn du in der Nacht gelegentlich aufwachst, ist es gut sich an den zweiten Teil der Übung zu erinnern.

3. Woche

Naturmeditationen

EINFÜHRUNG

Die Natur ist ein großes, heiliges Buch, das die Seele der Menschen inspirieren kann. Sie ist ein großartiger Lehrer für Harmonie und Kreisläufe – Leben und Tod, Aktion und Ruhe, Begrenzung und Freiheit – und das sich ewig wandelnde und doch wiederkehrende Wesen des Lebens.

Viele indigene Völker übernehmen die Mysterien der Natur und nutzen sie in Gebet und Meditation. Heute, in den Kulturen, in denen viele Menschen getrennt von der Natur leben und ihre Naturerlebnisse gemacht oder künstlich sind, haben wir diese äußere Verbindung zur Natur verloren. Indem wir auf die Symbole und Entwicklungen der Natur meditieren, verbinden wir uns wieder mit dem ursprünglichen Bedürfnis des Menschen, etwas zu erfahren, was größer, älter und machtvoller ist als wir selbst.

Vor Tausenden von Jahren wurden schöne Orte in der Natur zu Tempeln und Schreinen. Jene Erinnerungen existieren noch immer in den subtilen Bereichen des Geistes eines jeden von uns und sie können durch Naturmeditationen wiederaufleben. Durch diese Meditationen wird sich, mit etwas Glück, ein Gefühl der Verbundenheit mit der Natur einstellen.

3. Woche

Naturmeditationen

MONTAG

Mini-Meditation

Der Mut, unser natürliches Selbst zu sein, ist beides, die Herausforderung und das Geschenk des Lebens.

Meditation auf ein Tier

(12 Minuten)

1. Wähle eine dieser Möglichkeiten aus:
   - Drehe deinen (Büro-)Stuhl zweimal herum; oder
   - Stehe auf und dreh dich zweimal im Kreis; oder
   - Nimm zwei langsame Atemzüge.

   Nimm dann wahr, welches Tier in dein Bewusstsein eintritt.
2. Tauche in das Bild des Tieres ein, wie es vor dir sitzt, steht, schwimmt oder fliegt. Bitte es darum, dich an einen Ort von:
   a. Frieden
   b. Schutz
   c. Klarheit
   d. Inspiration

oder eine Kombination einzelner oder aller dieser Attribute zu führen.

3. Verweile zehn ganze Atemzüge lang an diesem Ort deiner Wahl und nimm die Stimmung dieses Ortes wahr.
4. Wenn du möchtest, dann bitte das Tier am Ende um eine Botschaft aus der Natur.

Kommentar

Viele Menschen glauben, Meditation sei eine beschwerliche Übung in ernsthafter Spiritualität. Diese Meditation weckt das Kind in jedem von uns und erlaubt unserem Geist zu spielen, während wir gleichzeitig eine sehr tiefgehende, lebensspendende und unterstützende Nachricht erhalten können. Einer der Gründe, warum die Alten Tiere als Totems benutzten, war, um die Kräfte, Energien und verschiedenen Aspekte der latent im Menschen wohnenden Weisheit zu symbolisieren. Sie stellten sich dabei vor, dass der Atem des Tieres diese schlummernden Aspekte an die Oberfläche bringen könne.

Wenn dich diese Meditation sehr verlegen macht, schließe die Tür.

3. Woche

Naturmeditationen

DIENSTAG

Mini-Meditation

Wir erreichen das Ziel unseres Lebens nie ganz, da es genauso lebendig ist und wächst, wie wir.

Meditation auf einen Fluss

(15 Minuten)

1. Betrachte dein ganzes Leben wie einen Fluss... deine Geburt, ein Rinnsal, das aus all den Wässern der Erde hervorgeht. Während der Kindheit rieselt der Bach sanft dahin und trifft dann während der Jugendzeit auf einige Wasserfälle.
2. Von jetzt an übernimmst du, der oder die Meditierende. Lasse den Fluss fließen, wohin er will. Das Wasser fließt vielleicht in kleinen Furchen oder riesigen Sturzbächen – wie der mächtige Mississippi oder das Bächlein durch deinen Hinterhof – trübe oder klar, das Ufer saftig grün, voll Blattwerk oder versandet.
3. Betrachte dein Leben wie einen Fluss, der andere Flüsse trifft und zum Meer fließt.

Kommentar

Die Meditation auf das Wasserelement schafft ein Gefühl der Heilung und des Überwindens. Das Fließen des Wassers ist ein sehr tröstliches Bild für unsere Psyche, selbst wenn es durch eine Schlucht tost. Es ist kein Zufall, dass viele unserer Vorfahren natürliche Quellen und Bäder als Orte der Heilung, Reinigung und als Erholungsorte nutzten, um wieder in ein natürliches Gleichgewicht zu kommen. Wasser symbolisiert auch die Macht der Geduld und der Sanftheit. Wir wissen, wie Wasser mit der Zeit eine große Schlucht auswaschen kann. Wir wissen auch, dass Wasser über und um seine Hindernisse herum fließt, anstatt durch sie hindurch.

3. Woche

Naturmeditationen

MITTWOCH

Mini-Meditation

Was ich mir in meinem Denken ersehne, ist durch mein Denken begrenzt. Was ich mir in meinem Herzen ersehne, ist durch die Tiefe meines Herzens begrenzt. Was meine Seele ersehnt, wird geboren und lebt ohne Begrenzung.

Meditation auf die vier Mondphasen

(10 Minuten)

1. Stelle dir den Himmel mit vielen Sternen und ohne Mond vor. Sei dir bewusst, dass der mondlose Sternenhimmel das Potential darstellt. Halte dieses Bild mindestens eine Minute lang.
2. Visualisiere denselben Himmel und füge den feinen Silberstreif des neu wachsenden Mondes hinzu. Sei dir bewusst, dass die neue Mondsichel die Energie der Empfänglichkeit verkörpert. Halte dieses Bild mindestens eine Minute lang.
3. Stelle dir einen Himmel mit weniger Sternen und einer

zu einem Viertel gefüllten Mondsichel vor. Sei dir bewusst, dass der Viertel-Mond die Energie von Inspiration repräsentiert. Halte dieses Bild mindestens eine Minute lang.

4. Stelle dir einen Himmel mit noch weniger Sternen und einem zu Dreiviertel gefüllten Mond vor. Sei dir bewusst, dass der Dreiviertel-Mond Errungenschaft repräsentiert. Halte dieses Bild mindestens eine Minute lang.
5. Stelle dir einen Himmel ohne Sterne und mit einem Vollmond vor. Sei dir bewusst, dass der Vollmond Vollendung und Stille verkörpert. Halte dieses Bild mindestens eine ganze Minute lang.

Kommentar

Der Mond ist ein wunderbares Symbol mit vielen Facetten. Sein Lebenszyklus ist kurz und regelmäßig; seine wechselnden Energien sind sichtbar. Das Wissen, dass er in immer währender Beziehung zur Sonne steht, mag uns an unsere Beziehung zum Unendlichen erinnern. Übe dich darin, dir der Phasen des Mondes bewusst zu sein und wie sie dein Leben beeinflussen. Beobachte, welchen Wert es hat, Dinge während der Neumondzeit zu beginnen und wie du während des abnehmenden Mondes ruhiger bist. Eine andere Mondmeditation besteht darin, auf dem Boden zu liegen und dem Mondlicht zu erlauben, Körper, Gedanken und Geist zu läutern.

DONNERSTAG

Mini-Meditation

Segen ist der natürliche Zustand der Seele.

Meditation auf den Ozean

(9 bis 12 Minuten)

1. Stelle dir einen ruhigen und friedlichen Ozean vor.
2. Stelle dir eine leichte Brise vor und die Oberfläche des Wassers beginnt sich leicht zu kräuseln.
3. Die Brise wird ein stetiger Wind und Wellen erscheinen.
4. Der Wind schwillt an und die Wellen werden höher.
5. Stelle dir große Wellen und einen starken Wind vor, spüre die Kraft der Inspiration und des Hochgefühls.
6. Bringe den Ozean langsam zurück in einen ruhigen, friedlichen Zustand und spüre die Macht des Friedens.

Kommentar

Beachte die Beziehung zwischen Wasser und Luft, Welle und Ozean in dieser Meditation. Jede Welle ist ein Ausdruck des Ozeans und ist doch nicht der ganze Ozean. Der Wind, das Wetter und der Mond heben die Wellen; diese existieren einen Moment lang und kehren dann in den Ozean zurück, nur, um im nächsten Augenblick als eine neue Welle geboren zu werden. Vielleicht ist einiges von dem ursprünglichen Wasser auch in der neuen Welle. Der Wind wird vielleicht stärker und verursacht deshalb größere Wellen auf der Oberfläche des Ozeans. Aber, egal welche Bedingungen auf der Oberfläche herrschen, unter all dem, nur fußbreit unter der Oberfläche, ist Frieden.

FREITAG

Mini-Meditation

Ein Augenblick der Ruhe und Liebe entwickelt sich ganz natürlich.

Meditation auf den Atem und die Natur

(12 bis 15 Minuten; jeder Abschnitt 2 bis 3 Minuten)

1. Atme flache Atemzüge, während du an einen Felsen denkst, den du kennst.
2. Atme lange Atemzüge, während du an diesen Felsen denkst. Atme nun normale Atemzüge, während du immer noch an den Felsen denkst.
3. Denke an einen See oder Fluss oder an einen Teich, den du kennst. Atme lange Atemzüge, während du an das Gewässer denkst. Und dann atme normale Atemzüge, während du an das Gewässer denkst.
4. Denke an eine Pflanze, die du kennst. Atme lange Atemzüge, während du an die Pflanze denkst. Nun atme normale Atemzüge, während du an die Pflanze denkst.
5. Denke an ein Tier, das du kennst. Atme lange Atemzüge, während du an das Tier denkst. Nun atme

normale Atemzüge, während du an das Tier denkst.

6. Denke an eine Person, die du kennst. Atme lange Atemzüge, während du an die Person denkst. Nun atme normale Atemzüge, während du an die Person denkst.

Kommentar

Dies ist die Bearbeitung einer klassischen Meditation, in der wir beginnen, die Beziehungen zwischen Atem, Gedanken und dem Inhalt der Gedanken zu erfahren. Du musst dir über den erfahrbaren Unterschied deines Atems bewusst werden, je nachdem, ob du an einen Felsen oder an eine Pflanze denkst. Während wir immer fähiger werden, den Inhalt unserer Gedanken durch Meditation zu verändern, ergibt sich als natürliches Nebenprodukt die Fähigkeit, den Inhalt unserer Gedanken zu jedem Zeitpunkt zu verändern. Wir erkennen, dass ein langer Atem bestimmte Gedanken im Geist verfestigt und ein flacher Atem das Fließende anregt. Wir können auch lernen, dass es nicht notwendig ist, sich auf Gedanken zu versteifen, die sich auf nichts Reales beziehen.

Meditation erweitert die Erfahrung des täglichen Lebens. Meditation ist nicht getrennt vom Leben. Was wir in der Meditation lernen, ist dazu gedacht, im Leben angewendet zu werden.

3. Woche

Naturmeditationen

WOCHENENDE

Mini-Meditation

Vertrauen entwickelt sich durch das Erfahren der überwältigenden Kraft der Stürme der Natur.

Meditation

(mindestens 15 Minuten)

1. Stelle dir bildlich vor, in einem mächtigen Sturm zu sein. Spüre, wie die Kraft des Windes deine Gedanken verweht.
2. Jetzt füge dem Sturm Blitze hinzu. Stelle dir vor, wie du vom Blitz getroffen wirst und spüre, wie in diesem Augenblick dein Geist von Licht erfüllt wird. Erlaube dem Blitz immer und immer wieder einzuschlagen und erlaube dem Geist, jedes Mal mehr Licht aufzunehmen. Finde in dir selbst die Kraft, die durch den Blitz ausgedrückt wird.
3. Versuche dich mit der Macht zu identifizieren, die hinter der Kraft der Stürme steht.

Kommentar

Diese Meditation kombiniert die machtvollen Kräfte der Reinigung und der Erleuchtung. Ein großer Teil unserer mentalen Energien und Prozesse kann mit dem Luftelement in Verbindung gebracht werden, weshalb wir die Luft in der Form des Sturms verwenden, um die Gedanken von unserer inneren Leinwand hinwegzufegen. Jeder, der schon mal in einem starken Wind draußen war, weiß, dass belanglose Gedanken verschwinden, wenn wir uns darauf konzentrieren, einfach nur aufrecht zu stehen. Nutze deinen Willen, um dich auf den Wind zu konzentrieren und der Wind wird seinen Part erfüllen, um deinen Geist auf natürliche Weise zu klären.

Es gibt eine alte Geschichte, dass der Prophet Moses erleuchtet wurde, als er von einem Blitz getroffen wurde. In dieser Meditation lassen wir alle Vorstellungen, die Blitze als potentiell gefährlich ansehen, von uns abfallen, so dass wir nur die ungeheure Stärke des Lichts aufnehmen, die im Blitz enthalten ist. Dies wird uns helfen, das unendliche Licht zu entdecken, das in jedem Menschen erfahren werden kann.

4. Woche

Meditationen über Wissenschaft und Geist

EINFÜHRUNG

Wissenschaft ist ein Verfahren, bei dem Fragen gestellt und Antworten gefunden werden. Jede Antwort führt zu größeren Fragen, die zu größeren Antworten führen. Wichtig ist auch zu verstehen, dass Wissenschaft, wie wir sie kennen, auf dem basiert, was wir denken, in der Vergangenheit erkannt zu haben. Während wir wachsen und mit uns unsere Fragen, bestehen einige von diesen mutmaßlichen Erkenntnissen die Prüfungen der Zeit nicht. Es gibt Gesetze und Theoreme, die entwurzelt wurden, weil das menschliche Verstehen wächst. Auf diese Weise wird Wissenschaft die Kunst der Interaktion zwischen dem, was noch lebendig ist und dem, was nicht länger als Wahrheit gilt.

In diesen Meditationen werden wir angeleitet, jene Prinzipien zu nutzen, die in Übereinstimmung mit unserem gegenwärtigen Glaubenssystem sind, um unser Bewusstsein aufzuhellen. Dennoch sucht der oder die Meditierende nach Antworten, die viel größer sind, als all die in diesen Meditationen benutzten Prinzipien. Unser natürlicherweise hinterfragendes Wesen wird durch die Antwort zum Schweigen gebracht, welche unsere Frage entkräftet. Auf diese Weise wird Wissenschaft in Denken, Herz und Geist lebendig und aktiv.

4. Woche

Meditationen über Wissenschaft und Geist

MONTAG

Mini-Meditation

Die Kugel ist Liebe im Ruhezustand;
die Pyramide ist Liebe in Aktion.

Meditation

(1 Minute für jedes Bild, bis 3 Minuten steigern. Um den ganzen Segen der Übung zu erfahren, sollte sie mindestens drei Tage lang gemacht werden. Idealerweise kann sie über einen langen Zeitraum hinweg geübt werden - eher Monate als Tage)

Werkzeuge: Zeichne auf ein unliniertes Blatt Papier einen Kreis mit knapp einem Zentimeter Durchmesser – die Größe entspricht etwa dem Durchmesser einer AA-Batterie. Auf ein zweites Blatt Papier zeichne ein gleichseitiges Dreieck, dessen Seitenlänge dem Durchmesser des Kreises entspricht (etwa 1 cm).

1. Betrachte den Kreis zehn Sekunden lang. Schließe deine Augen und visualisiere den Kreis. Wenn du das Bild des Kreises halten kannst, öffne die Augen.
2. Schließe deine Augen wieder und visualisiere den Kreis dreidimensional als Kugel. Wenn du die Kugel klar

sehen kannst, öffne die Augen.

3. Schließe die Augen wieder und stelle dir die Kugel farbig gefüllt vor. Halte die Konzentration dreißig Sekunden lang.
4. Betrachte das Dreieck zehn Sekunden lang. Schließe die Augen und visualisiere das Dreieck. Wenn du das Bild des Dreiecks halten kannst, öffne die Augen.
5. Schließe deine Augen wieder und visualisiere das Dreieck dreidimensional als Pyramide. Wenn du die Pyramide klar sehen kannst, öffne die Augen.
6. Schließe deine Augen wieder und stelle dir die Pyramide farbig gefüllt vor. Halte die Konzentration dreißig Sekunden lang.
7. Bringe nun in deiner Vorstellung die Pyramide in die Kugel.

Kommentar

Dies ist die klassische Einführung in die Übung der Konzentration, wie sie in vielen mystischen Schulen gelehrt wird. Wir schauen mit den physischen Augen auf ein archetypisches Bild und bilden es dann vor unserem inneren Auge wieder ab, bis wir in der Lage sind, das mit jedem Objekt machen zu können. Wenn du diese Fähigkeit entwickelst, wird sich deine Beziehung zu Meditation und zum Leben verwandeln. Bis du die Fähigkeit der Konzentration wirklich entwickelt hast, sind deine Erfahrungen in der Meditation und im Leben so, als würdest du ein fremdes Land besuchen, ohne seine Sprache zu sprechen; das macht Spaß, aber es ist nicht die volle Erfahrung. Der zweite Schritt, ein inneres Bild von einem zweidimensionalen in ein dreidimensionales zu transformieren, ist ein Durchbruch in der Konzentrationsfähigkeit, der dir viel Energie gibt. Der dritte Schritt, dem Bild Farbe hinzuzufügen, verstärkt das Erleben noch mehr. Einige Menschen lieben diese Meditation, andere sprechen mehr auf Meditationen mit der Betonung auf emotionale Inhalte an.

4. Woche

Meditationen über Wissenschaft und Geist

DIENSTAG

Mini-Meditation

Die Form verbirgt Essenz und enthüllt sie zugleich.

Meditation

(12 Minuten)

1. Denke an eine physische Substanz, mit der du täglich zu tun hast. Einige Beispiele wären Wasser, ein Lebensmittel, Holz, Steine und Edelsteine, Fleisch, Plastik usw.
2. Reduziere in deiner Vorstellung die Substanz auf die Hälfte dessen, an das du zuerst gedacht hast.
3. Teile die Substanz in immer kleinere Portionen, bis du spürst, wie Energie frei wird. Diese Energie kann im Körper, im Denken, dem Gefühl oder in allen drei Bereichen wahrgenommen werden.
4. Als nächstes denke an ein Konzept, das du täglich verwendest. Einige Beispiele wären: Ich bin ein Mann/ eine Frau; ich bin hungrig; der Himmel ist blau.
5. Teile diesen Gedanken in immer kleinere Einheiten

und mache das solange, bis die Energie freigesetzt wird. Eine andere Möglichkeit, dies zu erfahren ist, fortwährend Energie von dem Gedanken abzuziehen. (die Energie, mit der du den Gedanken versorgst, immer kleiner werden zu lassen.)

Kommentar

Auf den ersten Blick scheint diese Meditation schwierig zu sein – besonders der zweite Teil – weil wir nicht akzeptieren, dass ein Ding oder ein Gedanke nur insoweit existiert, wie wir ihm Energie geben. Das ist wie der Zen – Koan: „Was ist das Geräusch eines Baumes, der im Wald fällt, ohne dass ihn jemand hört?" Unser intellektuelles Selbst gibt eine Antwort. In dieser Meditation werden wir aber aufgerufen, einen Sprung vom Intellekt in unser intuitives oder spürendes Wesen zu machen. Bevor du dich dieser Meditation verweigerst, probiere sie aus!

Wenn du diese Meditation ganz erfassen kannst, wirst du verstehen, wie Homöopathie wirkt. In der Homöopathie wird die Energie freigesetzt, wenn die Substanz selbst nicht mehr existiert.

Hinweis: Einige Menschen finden die Meditation einfacher, wenn die Teilung mit dem Atem erfolgt, so dass man mit jedem Atemzug die Hälfte der Substanz oder des Gedankens entfernt.

4. Woche

Meditationen über Wissenschaft und Geist

MITTWOCH

Mini-Meditation

Was als Schwerkraft wahrgenommen wird, ist dieselbe Energie, die zwei Liebende zueinander zieht.

Meditation

(15 bis 20 Minuten)

1. Spüre den Zug der Anziehungskraft auf deinen Körper. Stelle dir vor, du könntest den Zug der Anziehungskraft auf deinen Körper willentlich verstärken oder schwächen. Wenn du diese Fähigkeit spüren kannst, gehe weiter zum zweiten Schritt.
2. Stelle dir vor, du könntest den Zug der Anziehungskraft auf deine Gedanken spüren. Nun stelle dir vor, dass du diesen Zug der Anziehungskraft willentlich regeln kannst, so dass du jeden beliebigen Gedanken schwerer und leichter machen kannst.
3. Stelle dir vor, du kannst den Zug der Anziehungskraft auf deine Gefühle/Emotionen spüren. Nun stelle

dir vor, dass du diesen Zug der Anziehungskraft willentlich regeln kannst und damit jedes beliebige Gefühl schwerer oder leichter machen kannst.

4. Stelle dir deinen Körper als Lichtwesen vor. Spüre den Zug der Anziehungskraft auf dieses Lichtwesen, bis du es willentlich schwerer und leichter machen kannst.
5. Stelle dir deine Gedanken als Lichtwesen vor. Spüre den Zug der Anziehungskraft auf diese Lichtwesen, bis du sie willentlich schwerer und leichter machen kannst.
6. Stelle dir deine Gefühle/Emotionen als Lichtwesen vor. Spüre den Zug der Anziehungskraft auf diese Lichtwesen bis du sie willentlich schwerer und leichter machen kannst.

Kommentar

Diese Übung zeigt auf, wie die Gravitationskraft mit unseren Gedanken in Wechselwirkung steht. Vielleicht erinnerst du dich daran, dass in den Sechzigern ein tiefer Gedanke häufig als „schwer" bezeichnet wurde. Tatsächlich sind die Beziehungen zwischen der Erdanziehungskraft und unserem Körper, unseren Gedanken und unseren Emotionen ein äußeres Beispiel für ein inneres Mysterium. Schwerkraft zieht unsere physische Substanz in Richtung des Zentrums, zieht unsere Gedanken hinunter zum Zentrum und selbst unsere Gefühle werden ins Zentrum gezogen. Wenn wir lernen, dieser Kraft mit einem Gefühl von Leichtigkeit oder

Schwerelosigkeit (Gewichtslosigkeit) entgegenzuwirken, können wir auf diese Weise mehr Raum zwischen den Gedanken, den Gefühlen, vielleicht sogar in unserem Körper schaffen, wenn auch nicht wörtlich, so doch im übertragenen Sinn.

Subtile Erfahrungen brauchen Raum. Das Überwinden der Schwerkraft ist eine wunderbare Fähigkeit, die es uns ermöglicht, unser Leben noch wirksamer selbst zu bestimmen.

4. Woche

Meditationen über Wissenschaft und Geist

DONNERSTAG

Mini-Meditation

Das Licht der Sterne kommt aus der Vergangenheit, um uns Hoffnung für die Zukunft anzubieten.

Meditation

(10 bis 12 Minuten)

1. Betrachte das Foto eines Sternenhimmels oder einer Galaxie. Mache dir bewusst, dass die Sterne, die das Licht aussenden, vielleicht gar nicht mehr existieren. (Dies ist eine wunderbare Meditation, um sie draußen in einer sternklaren Nacht mit offenen Augen zu machen)

2. Stelle dir als Nächstes vor, du selbst wärst das Sternenlicht. Erkenne, dass das was du als das wahrnimmst, was du bist, in Wirklichkeit das ist, was du warst.

Kommentar

In dieser Meditation werden wir sowohl dem Konzept von der fließenden Natur der Zeit als auch der illusionären Natur der Realität in Bezug auf Zeit ausgesetzt. Viele von uns leben immer noch Ereignisse, die schon lange vergangen sind, oder wir machen uns Sorgen über Situationen, die erst noch geboren werden müssen. Die Kontemplation der Tatsache, dass das, was wir am Nachthimmel sehen, vielleicht gar nicht mehr existiert und dennoch so real erscheint, kann zu einer magischen Entlastung führen.

4. Woche

Meditationen über Wissenschaft und Geist

FREITAG

Mini-Meditation

Das Auge fokussiert, der Verstand interpretiert, der Geist sieht.

Meditation

(5 Minuten, und denke den ganzen Tag weiter über die Erfahrung nach)

1. Denke über deinen Augapfel nach. Nur etwa zwei Zentimeter groß und doch fähig Hunderte Kilometer in sich aufzunehmen.
2. Der Augapfel ist fähig, alles im Leben zu sehen, nur nicht sich selbst.
3. Das Auge ist nicht nur ein aufnehmendes Organ, sondern auch ein ausstrahlendes Organ. (Denke an das Strahlen von Kinderaugen.)

Kommentar

Hier gibt es viele Metaphern. Der Augapfel ist das Werkzeug, der Verstand interpretiert, aber wer oder was sieht nun eigentlich? Selbst wenn du das herausfindest, wirst du das, was sieht, nicht sehen können. Und wenn du diesen Koan überwunden hast, wirst du beginnen, eine Beziehung mit der Qualität von „Augen-heit" oder „Ich-heit" zu entwickeln. (Anmerkung der Übersetzer: Im Englischen macht der Autor daraus auch ein Spiel mit Worten: „eye-ness" und „I-ness")

4. Woche

Meditationen über Wissenschaft und Geist

WOCHENENDE

Mini-Meditation

Was im Licht der Sterne funkelt,
ist das kollektive Gefühl von Hoffnung,
der gesamten Menschheit.

Meditation

(15 Minuten)

1. Atme sanft und gleichmäßig durch die Nase ein und aus.
2. Betrachte das Bild des Kosmos. Dann schließe deine Augen und stelle dir den Kosmos vor.
3. Stelle dir vor, dass dein Geist vom Licht der Sterne berührt wird.
4. Stelle dir vor, dass du dich auf das Sternenlicht in deinem Geist fokussierst.

5. Stelle dir vor, dass jeder Gedanke, der in deinem Geist entsteht, vom Licht der Sterne gebildet wird.
6. Stelle dir vor, dass dein Geist vom Sternenlicht erfüllt ist. Imaginiere lange Pausen zwischen den Gedanken.

Kommentar

In dieser Meditation geht es, wie in allen Meditationen mit Sternen, in Wirklichkeit um Raum und Licht. Rein intellektuell wissen wir, dass „da draußen“ Raum existiert, aber die meisten von uns verbinden Raum nur mit Materie. In dieser Meditation verfeinern wir die materielle Natur der Gedanken und erlauben es dem Verstand, sich selbst in subtilerer Weise zu erfahren. Der Schlüssel dazu ist, den Atem von Anfang an sanft zu machen. Der sanfte Atem gibt uns die Möglichkeit, die Leere des Raumes zu erspüren.

5. Woche

Friedensmeditationen

EINFÜHRUNG

Echter Friede ist ein Zustand von Körper, Denken, Gefühlen, Herz und Seele. Er ist nicht Stille, sondern eine Schwingung, die jeden Teil von uns durchdringt.

Wir können einem Bus hinterher rennen und doch gleichzeitig in Frieden sein. Wir können einen Moment lang ärgerlich sein und doch Frieden bewahren. Wir können in tiefer Sorge und doch friedvoll sein. Es ist nicht möglich, eine Schwingung zu erleben, die chaotisch ist und dennoch Frieden zu bewahren.

Der Mensch, der Meditation ernsthaft betreibt, wird sich vom Chaotischen zurückziehen und eine Ebene des Friedens finden, die es ihr oder ihm erlaubt, eine chaotische Situation in eine harmonische zu verwandeln. Dies gilt genauso für unser eigenes Gemüt wie für verschiedene Lebenssituationen. Friedfertigkeit ist ein Pfad, der gelernt werden muss, weil es so viel in unserem äußeren Leben gibt, das uns vom Pfad des Friedens abbringt.

Die hier folgenden Meditationen helfen uns, diesen Ort des Friedens in unserem Inneren zu aktivieren.

5. Woche

Friedensmeditationen

MONTAG

Mini-Meditation

Der Wind in seiner Raserei und
die Wüste in ihrer Stille,
beide repräsentieren ewigen Frieden.

Meditation

(10 Minuten)

1. Mit deinem Herzen auf das Bild eines friedlichen Sees oder Ozeans gerichtet, atme fünf sanfte Atemzüge.
2. Mit deinem Herzen auf das Bild eines friedlichen Waldes gerichtet; atme fünf sanfte Atemzüge.
3. Mit deinem Herzen auf eine friedliche Brise gerichtet; atme fünf sanfte Atemzüge.
4. Mit deinem Herzen auf einen friedlichen Klang gerichtet; atme fünf sanfte Atemzüge.
5. Mit deinem Herzen auf einen Windsturm gerichtet; atme fünf sanfte Atemzüge.
6. Atme durch das Herz ein und aus, während du das Wort Friede (oder shalom, salam, shanti) denkst.

Kommentar

Frieden ist nicht Passivität. Frieden ist disziplinierte Bewusstheit, die sich kontrolliert in eine bestimmte Richtung bewegt. Ich bin meinem Freund, Tai Situ Rinpoche, zu Dank verpflichtet, der den Ausdruck „aktiver Frieden" prägte. Die Erfahrung von Frieden erfordert ein sorgfältiges Training von Gedanken und Emotionen. Selbst stürmische Gedanken können in der Gegenwart eines beherrschten Bewusstseins friedfertig sein. Diese Meditation verlangt, auch wenn sie einfach erscheint, wiederholte Anwendung, damit sie wirklich erlebt werden kann und nicht nur in der Vorstellung stattfindet. Dieses sogenannte Anhaften an ein Ziel erzeugt im Geist oft Ruhelosigkeit, nicht Frieden. Vergiss nicht: Paradoxie ist kennzeichnend für mystische Erfahrungen.

5. Woche

Friedensmeditationen

DIENSTAG

Mini-Meditation

Göttliche Begehren werden im Meer des Friedens geboren.

Meditation

(7 bis 9 Minuten)

Das Ausatmen ist bei jedem Schritt natürlich und entspannt.

1. Mit jedem Einatmen, stelle dir vor, dass du deinen Körper mit Frieden füllst. Wiederhole das für fünfzehn Atemzüge.
2. Mit jedem Einatmen, stelle dir vor, dass du deinen Geist mit Frieden füllst. Wiederhole das für fünfzehn Atemzüge.
3. Mit jedem Einatmen, stelle dir vor, dass du dein Herz und deine Gefühle mit Frieden füllst. Wiederhole das für fünfzehn Atemzüge.

Kommentar

Dies ist eine magische Meditation für all jene unter uns, die ein Leben in Eile führen. Sie ist so einfach, dass es schon schmerzt. Wenn du keine Zeit für fünfzehn Atemzüge hast, mache zehn. Wenn du keine Zeit für zehn Atemzüge hast, mache fünf. Durch fünfundvierzig Atemzüge werden Körper und Geist so ausgetrickst, dass die Last des Tages von ihnen abfällt und der Nektar des Friedens ganz natürlich im Herzen aufsteigt.

Es ist gut, diese Meditation in deinem täglichen Repertoire zu haben und du kannst sie so oft machen, wie und wo du willst.

Normalerweise ist es nicht ratsam, während des Autofahrens zu meditieren (ganz sicher nicht mit geschlossenen Augen!), aber die Kombination von Frieden und Atem in dieser Übung kann während des Fahrens sehr hilfreich sein. Sie wirkt auch sehr gut bei Kindern.

5. Woche

Friedensmeditationen

MITTWOCH

Mini-Meditation

Es gibt einen Frieden, der jenseits meiner Selbstwahrnehmung existiert.

Meditation

(9 bis 12 Minuten)

1. Atme zwanzig Atemzüge lang durch die Magengrube (den Solarplexus) ein und aus. Betrachte jeden auftauchenden Gedanken als sei er eine Blase, die aus dem Meer deines Geistes aufsteigt. Erlaube dem Gedanken, sich in Nichts aufzulösen.
2. Während du dich auf den Atem konzentrierst, entwickle ein wenig Distanz zwischen deiner Selbstwahrnehmung und deinen Gedanken. Mit anderen Worten: konzentriere dich eher auf den Atem als dein Selbst, als auf die Gedanken als dein Selbst; identifiziere dich mit dem Atem, nicht mit den Gedanken.
3. Erlebe den Geist in diesem friedlichen Zustand.

Kommentar

Normalerweise haben wir keine Übung darin, uns darüber bewusst zu sein, dass Denken einfach eine Funktion des Geistes ist. Hier erlauben wir der Energie des Geistes das ungewollte Produkt aufzulösen, in diesem Fall die Gedanken. In unserer heutigen Gesellschaft gleicht der Geist einer Person, die an Schlaflosigkeit leidet – Tag und Nacht immer aktiv. Viele Menschen fürchten den Verlust ihrer Denkfähigkeit. Aber die Kontrolle der Gedanken erhöht in Wirklichkeit die Konzentrationsfähigkeit, bewusst zu denken und den Geist willentlich zur Ruhe kommen zu lassen.

Diese Übung ist recht hilfreich für Menschen, die in Berufen arbeiten, wo Denken und Ego eine große Rolle spielen. Sie ist quasi ein Hatha-Yoga für den Geist.

Donnerstag

Mini-Meditation

Wenn die Raupe der Leidenschaft aus dem Kokon der Friedfertigkeit schlüpft, wird sie zum Schmetterling der Liebe. Gäbe es keine Raupe, so gäbe es keine Schmetterlinge und der Kokon hätte niemals existiert.

Meditation

(maximal 12 Minuten)

1. Denke an eine Situation, in der du dich schuldig fühlst, beschämt, betrübt, traurig, ärgerlich oder wütend. (Wähle nur eines davon aus)
2. Stelle dir vor, dass die Situation wie eine lange Schnur ist, die du aus deinem Herzen ziehst.
3. Wickle die Schnur zu einem Knäuel auf, bis sie schließlich endet.
4. Löse die Schnur auf, indem du sie vergräbst, ertränkst, verbrennst oder sie in Staub verwandelst.
5. Fühle den Frieden, der den Raum füllt, der durch diesen Gedanken eingenommen war.

6. Verwandle das Gefühl des Friedens in Liebe.

Kommentar

Viele der Gedanken und Gefühle, die so viel Schwere und Begrenzung in unsere Leben bringen, können bewusst aufgelöst werden. Einige von uns machen dies durch Psychotherapie oder Analyse; einige Menschen verwenden Körperarbeit oder Training; andere benutzen bestimmte Körperhaltungen, wie im Hatha Yoga. Hier verwenden wir Meditation auf eine direktive Art und Weise, um willentlich negative Eindrücke zu entfernen.

Bitte beachte, dass in Schritt 4 der Anleitung das Vergraben, Ertränken, Verbrennen oder zu Staub werden lassen mit den vier Elementen korrespondiert: Erde, Wasser Feuer und Luft. Als allgemeine Richtlinie kann gelten: Eindrücke von Schuld werden am besten vergraben; Eindrücke von Minderwertigkeit, Bedrückung und Traurigkeit ertränkt; unmäßige Leidenschaft und Ärger verbrannt; und Eindrücke, die durch zu viel Kopfarbeit entstanden sind oder erhalten werden, werden am besten verweht.

5. Woche

Friedensmeditationen

FREITAG

Mini-Meditation

Der unruhige Schläfer kann genauso leicht zu einem friedlichen Tag erwachen, wie der aufgewühlte Wache in einen friedlichen Schlaf fallen kann. Gehe nicht davon aus, dass die Probleme des Tages zu Problemen der Nacht führen oder der Friede der Nacht notwendigerweise zum Frieden des Tages führt.

Meditation

(Schaffe deinen eigenen Rahmen, aber übertreibe nicht.)

1. Denke einen Moment lang an das hervorstechendste Problem, die deutlichste Herausforderung oder Schwierigkeit, der du im Leben gegenüberstehst.
2. Denke an alle Faktoren, die dieses Problem ermöglichen.
3. Denke an alle Lösungen, die es lösen oder verändern können.
4. Wirf all das weg und stelle dir vor, dass es keine Lösung für dein Problem gibt, die im Verstand ihren Ursprung

hat. Versetze das Problem oder die Herausforderung nun in dein Herz. Atme ein: denke das Wort »Friede« und atme aus: denke das Wort »Friede«. Fühle bei jedem Atemzug das Problem.

5. Bringe Frieden zum Problem und das Problem zum Frieden.
6. Bevor du heute Nacht einschläfst, bringe Frieden zum Problem und das Problem zum Frieden. Wenn Du morgen früh aufwachst, bringe Frieden zum Problem und das Problem zum Frieden.
7. Fahre mit dieser Meditation fort, bis die Art und Weise, wie du das Problem siehst und wie du dich darauf beziehst, sich so verändert, dass du nicht mehr nach Lösungen suchst, sondern das Gefühl hinter dem Problem erleben kannst.
8. Bleibe bei dem Gefühl, egal was es ist, als wäre es ein spiritueller Führer, der dich nach Hause führt.

Kommentar

Im Leben wird Einstellung zum beherrschenden Faktor. Wir begegnen häufig zwei Menschen in den gleichen Lebensumständen, die ihre Situation genau gegensätzlich sehen. Diese Meditation übt uns darin, den ausschließlich analytischen Zugang auszuschalten, den emotionalen zu berühren und noch tiefer zum spirituellen vorzudringen.

Meditation ist ein wunderbarer Begleiter, der uns zu umfassenderen Sichtweisen führt, als diejenigen, an die wir uns gewöhnt haben.

Selbstverständlich betrachtest du dein Problem zunächst in der gewohnten Weise, aber dann entwickelst du andere Standpunkte. Zum Beispiel betrachten wir ein Problem selten in einem emotionalen Kontext, indem wir fragen: »Welche Gefühle liegen dem Problem zu Grunde?«. Anstatt dessen reagieren wir eher mit unseren Emotionen auf Probleme, als dass wir unsere Intelligenz dazu nutzen, um eine emotionale Ursache zu finden.

Diese Meditation hilft uns nicht nur, die emotionale Blockade hinter dem Problem zu finden, sondern neutralisiert auch etwas von der emotionalen Ladung, indem sie den bewussten Verstand einsetzt, um ein Gefühl des Friedens zu entwickeln. Nach einiger Zeit können wir uns mit diesem Gefühl des Friedens willentlich verbinden.

5. Woche

Friedensmeditationen

WOCHENENDE

Mini-Meditation

Die Welt wurde nicht für unsere Begrenzungen erschaffen. Stattdessen bietet sie uns Gelegenheit, unsere Begrenzungen zu überwinden und den unendlichen Schöpfer zu erfahren.

Meditation

(12 bis 15 Minuten)

1. Benutze deine Vorstellungskraft wie einen Stift. Schreibe das Wort »Frieden« auf deine Fußsohlen. Es bleibt ganz dir überlassen, in welcher Form oder Richtung du schreiben möchtest. Schreibe, während du ausatmest, nicht beim Einatmen.
2. Schreibe das Wort »Frieden« auf deine Handflächen.
3. Schreibe das Wort »Frieden« auf deine Stirn.
4. Schreibe das Wort »Frieden« auf deinen Rücken.
5. Schreibe das Wort »Frieden« auf deine Brust.
6. Schreibe das Wort »Frieden« auf deinen Geist.
7. Schreibe das Wort »Frieden« auf deine Gefühle.
8. Schreibe das Wort »Frieden« auf deine Seele.

Kommentar

Bestimmte Wörter bergen in sich ganz eigene Kräfte und Potentiale. Indem wir die Bereiche des Körpers, Denkens, Fühlens und der Seele wie beschrieben mit dem Wort »Frieden« bedecken, nutzen wir unsere menschliche Macht, um unser Leben auf allen Ebenen friedlich zu machen. Beachte, dass die Schwingungen mit fortschreitender Meditation feiner werden.

Einige Menschen werden diese Meditation sofort und ohne Schwierigkeiten machen können. Andere müssen vielleicht lange Zeit damit kämpfen. In jedem Fall kann das Endprodukt für den Rest unseres Lebens genutzt werden, wann immer es gebraucht wird.

Dies ist eine gute Meditation nach langen Flugzeugreisen, Auseinandersetzungen mit Menschen und sogar vor Ereignissen, die möglicherweise stressig werden können.

6. Woche

Meditationen auf das Ideal

EINFÜHRUNG

Von Kindheit an lernen und wachsen Menschen, indem sie ein Ideal anstreben. Wir idealisieren Schauspieler, Sportler, Politiker, Autoren und Geschäftsleute, aber unsere höchste Bewunderung reservieren wir für die großen Diener der Menschheit. Ob diese Menschen nun berühmt oder völlig unbekannt sind, sie haben ihr Eigeninteresse überwunden und es durch die Liebe zu ihrer menschlichen Familie ersetzt. Einige sind HeilerInnen, spirituelle LehrerInnen, ErweckerInnen, HarmonisiererInnen und schenken einfach Beachtung. Dies sind die Menschen, die stolz auf Gott sind, anstatt stolz auf sich selbst zu sein.

In den folgenden Meditationen wird ein sichtbares Ideal, das das größere Wohl repräsentiert, das in den Tiefen jedes Menschen gefunden werden kann, als ein Symbol für die Konzentration angeboten. Indem du dich gleichzeitig auf die gefühlte Empfindung und den visuellen Eindruck der verschiedenen Gesichter konzentrierst, wird eine Veränderung im Bewusstsein entstehen. Diese Gesichter repräsentieren einen machtvollen Strom, der durch die menschliche Geschichte zieht. So wie unser Ideal Gestalt annimmt, so wächst auch unser eigenes Selbst.

6. Woche

Meditationen auf das Ideal

MONTAG

Mini-Meditation

Was du weggibst,
musst du nicht länger tragen.

Meditation

(12 bis 15 Minuten)

1. Betrachte das Bild des Yogi.
2. Schließe die Augen und stelle dir vor, wie es sich anfühlt, die Welt hinter sich zu lassen, all deinen weltlichen Besitz wegzugeben, ein einfaches Gewand anzulegen und ein Wanderleben zu beginnen.

3. Stelle dir dich selbst als Yogi vor, der ein Gelübde der vairagya oder des Gleichmuts gegenüber der äußeren Welt ablegt. Du wanderst in den hohen Himalaja und lebst in einer Höhle ohne jegliche Annehmlichkeit, außer eines erhöhten Bewusstseinszustandes und vollständiger Freiheit.
4. Erinnere dich im Verlauf des Tages immer wieder an dein Yogi-Selbst.

Kommentar

Im Westen haben wir nichts, was mit genau diesem Hindu-»Einzelgänger« korrespondiert. Ein Yogi ist kein Mönch, der verborgen vor der Welt in einem Kloster lebt, sondern jemand, der oder die das Leben in der äußeren Welt gelebt und die Verantwortlichkeiten für die Familie und Karriere erfüllt hat und dann entschied, ein Leben in Einsamkeit in einer schönen, natürlichen Umgebung nahezu ohne materiellen Komfort zu leben. Für unser Denken ist es normal, dieser Idee zumindest zögerlich, im heftigsten Fall ablehnend, gegenüber zu stehen. Wie würden wir essen? Wie mit Kälte oder Hitze umgehen? Wo würden wir schlafen? Wie mit der Einsamkeit zurechtkommen? Endlose Fragen.

In dieser Meditation bekommen wir die Gelegenheit, die Freiheit einer natürlichen Umgebung ohne die gewohnte Unterstützung der Gesellschaft, zu erfahren. Wir bauen eine innere Höhle in unserem inneren Berg, in die wir uns zurückziehen können, so oft wir wollen, Tag und Nacht und den Zustand von »moksha« oder Befreiung erfahren können. Die meisten von uns werden niemals in Höhlen leben, dennoch können wir davon profitieren, unser Denken und Fühlen von der äußeren Welt abzuziehen und uns nach innen zurückzuziehen.

Hinweis: Lass deine Vorstellung sich nicht an Fragen darüber aufhalten, wie dein Körpe sich fühlen würde. Versuche, dir die Erfahrung der Freiheit von weltlichen Lasten lebendig zu machen.

6. Woche

Meditationen auf das Ideal

DIENSTAG

Mini-Meditation

Wir erweitern unser Selbst, wenn wir Liebe verbreiten.

Meditation

(12 bis 15 Minuten)

1. Betrachte das Bild des Derwisch.
2. Schließe deine Augen und stelle dir das Fühlen eines Wesens vor, das von Liebe verzehrt wird, einer Liebe, so mächtig, dass sie über das Objekt der Liebe hinausgewachsen ist und die Liebe selbst wurde. Erlebe die Kraft und Freude, die Liebe ohne ein Objekt hervorbringt.
3. Nun streife über den Bazar von Istanbul (oder einen anderen, exotischen Ort in deiner Vorstellung) und verbreite mit jedem Schritt Liebe.
4. Erinnere dich im Verlauf des Tages immer wieder an dein liebendes Derwisch-Selbst.

Kommentar

Der Derwisch ist das romantische Ideal auf den höchsten Punkt erhoben – der Betrunkene, trunken vom Wein der göttlichen Liebe, nicht nur Liebe zu Gott, sondern Liebe in Gott. Der Derwisch hat die Kontrolle verloren, so wie ein Teenager die Kontrolle verliert, wenn er die erste große Liebe erfährt. Für den Derwisch wird Gott nicht durch Begrenzungen oder Regeln gefunden, sondern er ist ein Geliebter, dessen Gegenwart in jedem Wesen gefunden werden kann. Der Derwisch sieht weder dich noch mich, sondern erlebt nur die leuchtende Liebe und das Licht Gottes, das durch uns scheint. Aufgrund dieser Liebe sieht der Derwisch nur das Positive, das Hoffnungsvolle, das Tiefe und das Ergreifende. Der Derwisch ist ein Wesen mit unzähligen Gegensätzen und Paradoxien, die nur durch Liebe um der Liebe selbst willen aufgelöst werden können.

Diese Meditation wird letztendlich ein lebendes Gedicht, in dem wir das Denken und die Emotionen verwenden, um ein subtiles Bild zu malen. Durch das beständige Neu-Erschaffen dieses Bildes beginnen wir, eine intimere Beziehung mit dem Göttlichen wahrzunehmen. Das ist der Moment, wo wir Gott als unseren Geliebten, nicht als unseren Kerkermeister verstehen.

Hinweis: Wenn du in dieser Meditation die Liebe führen und das Verständnis folgen lässt, ist der Erfolg garantiert.

6. Woche

Meditationen auf das Ideal

MITTWOCH

Mini-Meditation

Die Gewänder eines spirituellen Menschen werden mit der Innenseite nach außen getragen.

Meditation

(12 bis 15 Minuten)

1. Betrachte das Bild des buddhistischen Mönches.
2. Schließe deine Augen und stelle dir das Gefühl der Gewaltfreiheit vor, das entsteht, wenn man gelobt, gegenüber keinem lebenden Wesen böswillig zu handeln oder zu denken. Stelle dir vor, das Leben eines Mönches oder einer Nonne in einem buddhistischen Kloster zu leben. Jeden Tag die gleiche Routine: Meditation vor Sonnenaufgang, um den Geist zu leeren, ein einfaches Mahl, ohne Gier gegessen, morgendliche Gartenarbeit und der Rest des Tages wird in Meditation und Gebet verbracht.
3. Verlasse dein Kloster und gehe in dein Leben, hier in

der Welt. Erlebe das Gefühl von Verbundenheit, was dir erlaubt zu fühlen, dass du kein Gefühl von Leid oder Unheil gegenüber irgendeinem Geschöpf hast.

4. Erinnere dich im Verlauf des Tages immer wieder an deinen Mönch oder deine Nonne.

Kommentar

Gewaltfreiheit ist kein Wert, der von außen auferlegt wird. Gewaltfreiheit ist ein Gefühl, das natürlicherweise auftaucht, wenn wir das EINE WESEN in allen Wesen erkennen. Wenn wir anfangen, diese Erfahrung zu machen, beginnt die Goldene Regel eine lebendige Realität zu werden. Es ist eine Sache zu glauben, dass alle Wesen Kinder Gottes sind, aber es ist etwas völlig anderes, die Einheit hinter all den Gesichtern, die uns im Leben begegnen, tatsächlich zu erleben. Versuche in dieser Meditation nicht gewaltfrei zu sein, sondern versuche eher einfach zu SEIN; und aus dem Zustand des Seins, einfach zu SEIN, erhebt sich die Gewaltfreiheit ganz natürlich.

(Wenn du diese Meditation gemeistert hast, schreibe mir bitte und lasse mich wissen, wie es sich anfühlt, übers Wasser zu gehen.)

Hinweis: Vergleiche nicht, kritisiere nicht, verurteile nicht, beklage dich nicht.

6. Woche

Meditationen auf das Ideal

DONNERSTAG

Mini-Meditation

In der Liebe wird das Herz andauernd gedehnt und geweitet, manchmal mit Schmerz, manchmal mit Freude.

Meditation

(12 bis 15 Minuten)

1. Betrachte das Bild der christlichen Nonne.
2. Schließe deine Augen und stelle dir vor, du stehst in einem Feld und verteilst Essensspenden an hungernde Kinder. Sie kamen zu dir, um versorgt zu werden und du hast ihnen das Gefühl gegeben, dass sich jemand um sie kümmert und sie liebt, ein Gefühl, das da jemand ist, der weiß, dass sie existieren. Es ist deine Fürsorge, nicht nur die angebotene Nahrung, die sie am Leben erhält.

3. Wandere über das Feld und schaue in jedes Gesicht; gib allen Liebe.
4. Erinnere dich im Verlauf des Tages immer wieder an deine Nonne.

Kommentar

In allen Menschen gibt es eine Neigung - in manchen latent, in anderen ausgeprägt- für andere Mitglieder der menschlichen Familie Fürsorge und Verantwortung zu übernehmen. Oft verbirgt das Leben diese Neigung so tief in uns, dass sie unserem Tagesbewusstsein verborgen ist. Die Meditation auf das Bild einer spirituellen Person, deren Leben dieses Verantwortungsbewusstsein für alle vollkommen ausdrückt, kann ähnliche emotionale Erfahrungen in dem Meditierenden hervorrufen. Wenn wir über Organisationen oder Regierungen nachdenken, die Menschen mit Nahrung versorgen, erleben wir nicht die Freisetzung dieser emotionalen Energie, weil da kein persönlicher Kontakt ist.

Aber wenn wir über die Nonne meditieren, die ihr begrenztes Ego im ewigen Christus aufgelöst hat, die den notleidenden Kindern dieser Welt die Heilige Kommunion gibt, kann die Erfahrung erhöhter spiritueller und emotionaler Energie sehr tiefgreifend sein.

6. Woche

Meditationen auf das Ideal

FREITAG

Mini-Meditation

Gib die Hoffnung auf, und du gibst das Leben auf.

Meditation

(12 bis 15 Minuten)

1. Betrachte das Bild des afrikanischen Heilers.
2. Schließe die Augen und stelle dir vor, du lebst in einer kleinen Hütte aus Lehm und Gras. Die Wände sind mit den Kräutern und Tränken bedeckt, die du über die Jahre gesammelt und zubereitet hast. Draußen stehen

viele Menschen, die dich besuchen wollen. Alle leiden an irgend einer körperlichen oder geistigen Krankheit. Du verbringst den Tag damit die Krankheit, Gedanken und Gefühle eines jeden zu erfühlen und erlaubst es ihrem Geist, dir zu vermitteln, welches Wort, welche Berührung, welches Kraut oder welche Nahrung sie zur Heilung brauchen. Jeder einzelnen Person gibst du Hoffnung und das Wissen, dass der Geist jeden heilen kann.

3. Wandere jetzt durch dein Dorf und verbreite Hoffnung und Heilung, wo immer du gehst und zu jeder Person, der du begegnest.
4. Erinnere dich im Verlauf des Tages immer wieder an deinen Heiler.

Kommentar

Das Geheimnis der Heilung ist, dass sie nur bis in die Tiefe wirken kann, aus der die Heilung kommt. Jene, die mit dem Verstand heilen, reichen nur bis kurz unter die Oberfläche; emotionale Heiler kommen schon etwas tiefer. Die wahren Heiler sind diejenigen, die den Verlust des Egos erlebt haben und aus der Quelle der Liebe und des Bewusstseins heraus wirken. Oft heilen sie in der Stille, ohne ein Wort oder eine Berührung mit der Person zu wechseln, die geheilt werden soll.

Sie erlauben dem Geist oder der Energie der Person, zu Heilung zu führen, so dass die Ganzheit ihres Wesens wieder erlangt werden kann. Viele große Schamanen der Vergangenheit und der Gegenwart bestätigen, dass Pflanzen und andere Substanzen ihre heilenden Eigenschaften offenbarten, während der Heiler sich im Traum oder einem anderen sehr empfänglichen Zustand befand. Es ist nicht unser Wille, der heilt, sondern es geschieht, wenn wir die Energie und Liebe unseres eigenen Geistes empfangen und diese mit den Energien und der Liebe all jener mischen, denen wir dienen.

Hinweis: Lass dich nicht von den Symptomen der Krankheit ablenken, egal wie schrecklich sie scheinen mögen. Der erste Akt der Heilung besteht darin, die Wunden der anderen vor unseren eigenen Augen zu verbergen.

6. Woche

Meditationen auf das Ideal

WOCHENEDE

Mini-Meditation

Unsere Leben gleichen einem kleinen Kind mit einem Geheimnis, das beinahe platzt, darüber zu sprechen und es weiter zu geben und doch zugleich weiß, dass es bewahrt werden muss. So wie das kleinste Atom enorme Energiemengen freisetzt, wenn man seinen Kern berührt, wartet der Kern des Menschen darauf, seine Schatzkammern zu öffnen.

Meditation

(12 bis 15 Minuten)

1. Betrachte dein eigenes Bild im Spiegel deines Geistes.
2. Betrachte dich selbst, wie du Wunden an den zerfressenen Gliedern eines Leprakranken in Kalkutta reinigst, ein verhungerndes Kind in Zentralafrika fütterst oder eine psychotische alte Frau in einem New Yorker Krankenhaus beruhigst. Sieh dich, die Füße eines leidenden

Menschen irgendwo auf der Welt waschen. Fühle, was es bedeutet, der Menschheit zu dienen.

3. Gehe nun durch dein Heim, dein Büro, dein Klassenzimmer oder deine Nachbarschaft und verbreite die Präsenz des Dienens, wo immer du gehst und gegenüber jeder Person, der du begegnest.
4. Erinnere dich im Verlauf des Tages immer wieder an dein heiliges Selbst.

Kommentar

Dies kann entweder eine wunderbare oder eine schreckliche Meditation sein. Wenn du dich auf dich selbst ausrichtest, wird das eine schwierige Erfahrung. Wenn du in jenen aufgehen kannst, denen du dienst, ist die Erfahrung nährend für dein Selbst. Zugegeben, es ist schwer, sogar in der Vorstellung die oben beschriebenen Handlungen auszuführen, aber diese Meditation macht die Wand aus Angst und Trennung weicher, die diese Schwierigkeit hervorruft. Wenn dein Fokus auf Schmerz und Leid ausgerichtet ist, dann ist es das, was unterstützt und gestärkt wird. Wenn dein Fokus auf dem Dienen liegt, verschwinden Schmerz und Leid auf natürliche Weise.

Zur Herausforderung wird diese Meditation dann, wenn wir von unserem eigenen Denken ausgehend auf die Menschen, denen wir in der Welt begegnen, zugehen. Du musst nicht den Leprakranken baden, sondern kannst stattdessen symbolisch den baden und dem dienen, der dich im Straßenverkehr behindert hat. Du fütterst vielleicht nicht das hungernde Kind, aber sicherlich kannst du jene nähren, die nach einem Lächeln oder einer freundlichen Geste hungern. Wem immer du dienst, wenn du aus einem erwachten Herzen heraus handelst, wird das gesamte Universum einen Nutzen ziehen und antworten.

Hinweis: Diese Meditation ist wie ein Parfüm. Sie ist ganz subtil. Du solltest eher die Feinheiten der Übung erspüren, als ihre einzelnen Bestandteile verstehen.

7. Woche

Planetare Meditationen

EINFÜHRUNG

Das Erweitern der Beziehung zwischen unserem Herzen, dem Verstand und den Planeten ist eine Allegorie für die Erfahrung der Beziehung zwischen dem Geist und den verschiedenen Aspekten unserer Persönlichkeit. Wenn die Planeten in diesen Meditationen als symbolische Schlüssel betrachtet werden, die uns für ein tieferes Verständnis unserer Selbst öffnen, dann können diese Meditationen erleuchtend wirken.

Ich habe hartgesottene Wissenschaftler kennengelernt, die in Raumfahrt und Forschung arbeiten und unbewusst den Planeten Persönlichkeitsattribute zuschreiben. Ohne für oder gegen die Wirksamkeit der Astrologie zu argumentieren, muss ich doch zugeben, unglaublich schöne Meditationen zu erleben, wenn ich in Sommernächten draußen sitze und mich auf den einen oder anderen dieser Himmelskörper ausrichte. Jeder schien ein einzigartiges Bewusstsein zu haben, das sowohl körperlich als auch mental anregend war.

Diese Meditationen sind dazu gedacht, eine Beziehung zu den Planeten zu pflegen.

7. Woche

Planetare Meditationen

MONTAG

Mini-Meditation

Merkur steht für die Energie der Kommunikation und des schnellen Erfolges

Meditation

(4 bis 5 Minuten)

1. Stimme dich auf den Planeten Merkur ein, indem du etwa zwanzig Sekunden lang sehr schnell durch die Nase atmest.
2. Öffne deine Augen, atme weiter schnell und richte deine Aufmerksamkeit auf ein beliebiges Objekt im Raum oder vor dem Fenster. Halte deinen Blick dort für fünf Sekunden und gehe dann weiter, zu einem neuen Objekt.
3. Wiederhole dies mit fünf Objekten, dann atme natürlich weiter.
4. Ohne all zuviel nachzudenken, fülle die Lücken in der unten stehende Liste aus. Versuche, die Antworten in Verbindung mit deinem täglichen, äußeren Leben zu geben.

Ich möchte ______________________________

Ich brauche ______________________________

Ich hoffe ______________________________

Ich fühle ______________________________

Kommentar

Es ist sinnvoll, sich in dieser Meditation daran zu erinnern, dass Merkur, der Planet, der der Sonne am nächsten ist, als der Botschafter des Lichts der Sonne dargestellt wird. Merkur wird in enge Verbindung mit dem Verstand gebracht, von dem die Alten glaubten, dass er der Vermittler für das Licht des Herzens sei. Indem wir der oben vorgeschlagenen Atemübung folgen und den Atem beschleunigen, erzeugen wir einen bestimmten Rhythmus, der eher der Kommunikation als dem Kreativen entspricht. Wenn der Meditierende die fünf Lücken füllt, werden idealerweise eher Bedürfnisse des Herzens als die des Verstandes vermittelt. Dies ist eine wunderbare Meditation für Schriftsteller, Verkäufer, Geistliche und Lehrer.

7. Woche

Planetare Meditationen

DIENSTAG

Mini-Meditation

Venus ist die Schöpferin, die Wertschätzung und Harmonisierung von allem Leben in Schönheit.

Meditation

(10 Minuten)

1. Stimme dich auf den Planeten Venus ein, indem du konzentriert mehrmals durch das linke Nasenloch einatmest. Entspanne dich und atme natürlich durch beide Nasenlöcher.
2. Bade Körper und Geist in einer schönen Farbe. Erlaube Körper und Geist, sich in dieser Farbe aufzulösen.
3. Läutere Körper und Geist in einem schönen Klang (wie Hu oder Ah oder Mm). Erlaube Körper und Geist, sich in diesem Klang aufzulösen.
4. Nun belade Körper und Geist mit schönen Juwelen. Erlaube Körper und Geist, in diesem Gefühl zu vergehen.

5. Streichle Körper und Geist mit einem wunderbaren Duft. Erlaube Körper und Geist, in diesem Duft zu vergehen.
6. Flüstere dir selbst zu, dass Schönheit, anmutig aus deinem Körper und Geist hervorgehen wird.

Kommentar

In dieser Meditation stimmen wir uns auf den Planeten Venus und die Eigenschaft von Schönheit ein, indem wir die Pforten unserer Sinne benutzen. Diese Technik wurde von den Ahnen verwendet, um die Vorstellungskraft zu disziplinieren und das Bewusstsein nach innen zu wenden. Wenn wir uns Schönheit vorstellen, werden wir üblicherweise damit belohnt, dass ein natürliches Empfinden oder Gefühl für Schönheit entsteht, wenn die Visualisierung endet. Mystiker sagen oft, dass Liebe sich als Schönheit manifestiert, oder in anderen Worten: Gott ist schön und liebt Schönheit. In einer Gesellschaft, die keinen Wert auf natürliche Schönheit legt, wird jeder Versuch, die Verbindung mit dieser natürlichen Schönheit wiederzubeleben, vom Geist begrüßt.

7. Woche

Planetare Meditationen

MITTWOCH

Mini-Meditation

Mars steht für die Kraft der Gemeinschaft, die Freude an der Beherrschung und die Energie des Sieges.

Meditation

(10 Minuten)

1. Stimme dich auf den Planeten Mars ein, indem du mehrmals stark durch das rechte Nasenloch einatmest. Entspanne dich und atme zurückhaltend durch beide Nasenlöcher aus.
2. Vervielfältige dich selbst in vierzig identische Wesen – vierzig Körper, vierzig Verstandeskörper, vierzig Gefühlskörper und so weiter.
3. Lasse alle vierzig in einer Formation stehen, so dass es zehn Reihen mit je vier Körpern ergibt. Alle zusammen bilden ein Rechteck.
4. Lasse das Rechteck zehn Schritte nach vorne marschieren. Jetzt lass es zehn Schritte nach rechts marschieren. Mache eine Kehrtwende und lasse es zehn Schritte in

die andere Richtung marschieren. Wende und gehe wieder zehn Schritte nach vorne.

5. Lasse zu, dass jeder Impuls, die Formation aufzubrechen, durch den monotonen Rhythmus der marschierenden Gruppe aufgelöst wird. Erlaube jedem Impuls, der von der Uniformität der Gruppe abgewiesen wird, sein Gegenstück zu sehen, das in einer gewissen Erleichterung besteht, ein akzeptierter Teil der Formation zu sein.
6. Behalte den stetigen Rhythmus bei und marschiere weiter vorwärts, nicht nur mit dem Körper, sondern auch mit dem Denken, den Gefühlen, deinem Geist, die sich alle in dieser vereinten Form bewegen.
7. Ziehe die vierzig verschiedenen Wesen in dich zurück und fühle die ganze Kraft deines einen Wesens.

Kommentar

Bevor du den ganzen Tag mit dem Versuch verbringst, dein Bewusstsein in genau vierzig marschierende Soldaten aufzuspalten, versuche stattdessen eine Gruppe von ungefähr vierzig entstehen zu lassen. Die Intention besteht hier nicht unbedingt darin, die genaue Anzahl zu treffen, sondern ein Gefühl dafür zu bekommen, wie es ist, eine militärische Einheit aus vielen, identischen Teilen zu sein. Es ist der innere

Klang oder Rhythmus des Marschierens, der diese Meditation gelingen lässt. Die Einstimmung auf den Planeten Mars in der Meditation kann unsere innere Disziplin verbessern und auch etwas von der Selbstgefälligkeit in unserem falschen Ego oder begrenzten Selbst außer Gefecht setzen.

Hinweis: Es wäre eine große Hilfe, einen Marsch (z.B. von John Philip Sousa) leise oder laut vor sich hinzusummen, während man meditiert. Wenn du zu befangen bist, dann schlage wenigstens einen Marschrhythmus auf deinem Schreibtisch oder Meditationsbänkchen, um dich selbst in den Trott zu bringen.

DONNERSTAG

Mini-Meditation

Jupiter ist die Stärke, die für Expansion, Souveränität und eher für Weite als für Tiefe steht.

Meditation

(5 bis 7 Minuten)

1. Diese Meditation wird am besten stehend, im Freien oder mit Blick aus dem Fenster gemacht. Stimme dich auf den Planeten Jupiter ein, indem du einige sehr tiefe, volle Atemzüge durch beide Nasenlöcher nimmst. Halte den Atem für einige Momente nach jedem Einatmen an und spüre die Ausdehnung deines Wesens.
2. Blicke auf den Horizont und frage dich selbst: »Was besitze ich zwischen dem Punkt, an dem sich mein Körper befindet und dem Horizont?« Beantworte die Frage mit: »Ich besitze alles.«
3. Nun stelle dir vor, dass du deine Energie 100 km über den Horizont hinaus ausdehnen kannst und frage dich

selbst: »Was besitze ich zwischen hier und den 100 km hinter dem Horizont?«. Beantworte die Frage mit: »Ich besitze alles.«.

4. Nun stelle dir vor, dass du deine Energie 1000 km über den Horizont hinaus ausdehnen kannst und frage dich selbst: »Was besitze ich zwischen hier und den 1000 km hinter dem Horizont?«. Beantworte die Frage mit: »Ich besitze alles.«.
5. Wandere durch dieses Land in dem Gefühl, Herrscher über dieses riesige Gebiet zu sein, mit einem fast egozentrischen Habitus und Empfinden: »Ich bin für all dies verantwortlich, was ich sehe, denke und fühle.«. Nimm wahr, wie du der Brennpunkt für alle Wesen in deinem Herrschaftsgebiet bist und wie du der Herrscher über alle Wesen in diesem Land bist.
6. Erlaube deinem Herrschaftsgebiet und dir selbst, sich über alle Grenzen hinaus auszudehnen.

Kommentar

Sicherlich kann man die Gefahr erkennen, das falsche Ego zu nähren, wenn man diese Meditation ausschließlich auf der persönlichen Ebene oder der Ebene des Denkens praktiziert. Die Intention ist jedoch, ein Gefühl für Weite und Grenzenlosigkeit zu erwecken. Unsere Auffassung von Raum und Entfernung ist durch die Größe unseres Planeten bestimmt.

Wenn Menschen jedoch beginnen, den inneren Raum zu erfahren, dann sind sie oft erschüttert von seiner ungeheuren Größe. Diese Meditation zieht uns aus unserem »Sturm im Wasserglas« und erlaubt die Entwicklung einer viel größeren Perspektive. Wenn du am Ende dieser Meditation über die Probleme deines Lebens nachdenkst, erscheinen sie vielleicht klein und trivial.

FREITAG

Mini-Meditation

Saturn ist die Kraft der Langsamkeit, der Weisheit des Alters und des Wissens, das durch Erfahrung entsteht.

Meditation

(10 Minuten)

1. Stimme dich auf den Planeten Saturn ein, indem du langsam durch die Nase atmest und deine Energie dabei auf die lange und langsame Ausatmung konzentrierst.
2. Verlangsame die Prozesse deines Verstandes. Verlangsame die Prozesse in deinem Körper. Verlangsame den Ablauf deines Atems.
3. Bewege deinen Kopf im Uhrzeigersinn etwa zehn oder fünfzehn Mal im Kreis, indem du das Kinn zur linken Schulter bewegst, dann zum Brustbein, der rechten Schulter und schließlich zur Decke oder dem Himmel.
4. Spüre den Teil des Egos, der beurteilt, was du tust, denkst und fühlst.

5. Spüre den Teil des Egos, der sich andauernd vorstellt, was andere über dich denken.
6. Erlebe wie das, was in dir als ein Richter und Kritiker erscheint, in seinem Kern eine sehr tiefe Kraft ist, die dich rein und tief bewahren will.
7. Spüre die Klarheit reiner Unterscheidungsfähigkeit ohne Bewertung.

Kommentar

Indem wir den Rhythmus des Denkens verlangsamen, können wir die Gewohnheit zur Selbstkritik in eine eher produktive, intuitive Selbstanalyse verwandeln. Saturn bietet uns eine Gelegenheit, den Aspekt unseres Egos zu erkennen, der uns in Selbstzweifeln gefangen hält. Wir transformieren die Saat der Unterscheidungsfähigkeit in das Unkraut des Minderwertigkeitsgefühls, indem wir fälschlicherweise dem Urteilsvermögen erlauben, sich in mangelndes Selbstvertrauen zu zersetzen. Diese Meditation schafft einen natürlichen Garten für diese Saat, damit sie zu Weisheit und Erkenntnis heranreifen kann, anstatt sich in Selbstzweifel zu verwandeln. Manche Menschen mögen die Meditation auf Saturn als schwer und bedrückend empfinden, aber wenn dein Wesen tief und ernsthaft ist, kann dich diese Meditation an einen Ort des Friedens und des Schutzes bringen. Diese Meditation ist auch hilfreich für Menschen, die ein sehr impulsives Gemüt haben.

Es kommt uns zugute, wenn wir die verschiedenen Aspekte des Geistes, die auf gewohnheitsmäßige Weise funktionieren, kennen lernen und beobachten, wie wir all diese verschiedenen Funktionen des Geistes zusammenwerfen und diesen Klumpen dann »Ich« nennen.

7. Woche

Planetare Meditationen

WOCHENENDE

Mini-Meditation

Planeten, Sterne, Galaxien, schwarze Löcher
- scheinbar leere Räume ...,
alle warten darauf, zum Tanzen
aufgefordert zu werden.

Meditation

(15 Minuten)

1. Atme durch die Nase ein und aus. Stimme den Atem auf den Weltraum ein, indem du ihn, so fein wie irgend möglich werden lässt. Versuche, den Atem mit jedem Ein- und Ausatmen feiner und sanfter werden zu lassen, bis du anfängst, die Energie des Weltraums selbst einzuatmen. (Achte darauf, dass nicht das Gefühl ohnmächtig zu werden oder zu ersticken aufkommt. Falls das passiert, dann atme einige Male etwas tiefer, bis der Zustand vorübergeht.)
2. Nimm die Qualität des Lebens wahr, welches das ganze Weltall durchdringt. Bringe diese ungerichtete Energie in dein Herz, deinen Geist und deinen Körper.

3. Lass die Energie des Weltraums, alles Schwere aus deinem Herzen entfernen.
4. Lass die Energie des Weltraums, die Dichte der Gedanken erhellen und Energie spendende Leerräume zwischen den Gedanken entstehen.
5. Ziehe die Energie des Weltraums in deinen physischen Körper. Vergegenwärtige dir, wie die Sterne, die Planeten und der menschliche Körper aus der unendlichen Energie des Lebens im Weltraum hervorgehen.

Kommentar

Der Schlüssel zu dieser Meditation wird im zweiten Schritt gegeben, wo die Energie des Weltraums als ungerichtet beschrieben wird. Wir werden im Leben dazu erzogen, allem eine Richtung zu geben, entweder linear oder kreisförmig. Raum nimmt nur dann Richtung an, wenn man Objekte in ihn stellt. Natürlich können nicht nur physische Objekte dem Raum Richtung geben, sondern auch Gedanken und Vorstellungen. Aber wenn wir Markierungen herausnehmen und das Zentrum des Raumes entfernen, wenn wir anfangen den Raum als alles durchdringend zu erleben, dann erst fühlen wir das wahre Wesen des Raumes. Setze in dieser Meditation deine Willenskraft und einen sehr verfeinerten Atem ein, um wirklich Raum zu erleben und nicht nur deine Vorstellung von Raum.

8. Woche

Meditationen über Eigenschaften

EINFÜHRUNG

Wenn wir gebeten werden, eine Person, einen Ort oder ein Ding zu beschreiben, antworten wir häufig, indem wir Attribute auflisten. Diese mögen physisch, sie können emotional oder phantastisch sein; allen gemeinsam ist, dass es Eigenschaften sind. Zum Beispiel hat jeder Mensch eine Nase, aber wir schreiben ihr oft Eigenschaften wie Größe oder Form zu, die uns helfen, sie zu charakterisieren und dadurch zu erkennen. In der Meditation ist der Gebrauch von Eigenschaften sehr wichtig. Wir streben an, das, was universell in jedem von uns ist, zu erkennen, indem wir die Eigenschaften wahrnehmen, die in größerem oder kleinerem Maße in jedem Menschen zu finden sind. Indem wir unsere Aufmerksamkeit auf diese Eigenschaften richten, steigern wir sie.

In den folgenden Meditationen richten wir unser Bewusstsein auf jene Eigenschaften in uns, die direkt mit der Art und Weise zu tun haben, wie wir das Leben betrachten und erleben. Indem wir sie in den Mittelpunkt stellen, machen wir sie erkennbar, stärker und maßgeblich (wichtig). Wenn wir das Universum zu einer Realität in unserem Leben machen, macht dieses uns zu einem erwachten Teil seiner selbst.

8. Woche

Meditationen über Eigenschaften

MONTAG

Mini-Meditation

Wahrheit ist der menschliche Geist frei von begrenztem Verlangen.

Meditation

(5 bis 7 Minuten)

1. Stelle dir Wahrheit als eine innerkörperliche Empfindung vor, die in der Tiefe des Solarplexus / Herz ihren Ursprung hat und sich über den ganzen Körper, den Geist und die Gefühle ausbreitet. Diese Wahrheit ist etwas Absolutes ohne Gegenteil. In der Gegenwart der Wahrheit kann Falschheit nicht existieren. Stelle dir Wahrheit als ein mächtiges Licht vor, das erkennbar werden lässt, was verborgen war. Das Licht hat kein Eigeninteresse. Es erleuchtet alles, was es berührt.
2. Stelle, was immer du an Zweifel, Ängsten oder Hoffnungen fühlst vor das Licht der Wahrheit.
3. Bringe ein Problem oder Dilemma vor das Licht der Wahrheit – entweder dasselbe wie in Schritt zwei, oder ein neues – und mache die Erfahrung, wie es ist, mit einer Erleuchtung davonzukommen anstelle einer Antwort.

Kommentar

Über die Wahrheit in Worten zu schreiben, ist ein sicherer Weg, sie zu verfehlen. Wahrheit ensteht aus der Tiefe, der Stille und dem Ewigen. In einigen Religionen bedeutet das Wort für Gott eher Wahrheit als Gottheit. In dieser Übung betonen wir, was gespürt, intuitiv empfunden, gefühlt und wahrgenommen wird, um tatsächlich Wahrheit zu erfahren und nicht unser Konzept von Wahrheit. Viele von uns sind nicht gewohnt, diese subtileren Wege der Wahrnehmung zu nutzen, und wir benötigen Training, um dazu in der Lage zu sein. Ich könnte vorschlagen, dass jeder von uns hinaus geht und eine Weile in die Wolken oder das Mondlicht starrt oder sogar auf unseren eigenen Nabel, wie manche Übende es empfohlen haben. Aber ich glaube, es ist wirkungsvoller, entsprechende Vorgänge, die unseren Geist beruhigen, in unserem eigenen Leben zu entdecken. Es ist fast allgemeiner Konsens, dass die Beobachtung und Beruhigung des Atems dazu führt, subtile Fähigkeiten stärker hervortreten zu lassen. Im Sutra vom Herzen der Vollkommenen Weisheit gibt es einen wunderbaren Ausdruck, der sich auf ein großes Mantra oder eine spirituelle Lehre bezieht. Der Buddha bezeichnet dieses Mantra als »Wahr, weil nicht falsch«. In anderen Worten: da ist nichts Falsches im ganzen Mantra, weder sichtbar noch verborgen. Finde für die obige Meditation den Ort, der wahr, weil nicht falsch ist.

8. Woche

Meditationen über Eigenschaften

DIENSTAG

Mini-Meditation

Alle Kämpfe des Lebens führen letztlich zum Sieg über das begrenzte Selbst. Manche verlieren viele Schlachten, damit der endgültige Sieg den Duft der Süße und der Unschuld haben wird.

Meditation

(7-10 Minuten)

1. Stelle dir »Sieg« (das Siegen, siegreich sein A.d.Ü.) als eine innerkörperliche Empfindung vor, die in den Füßen beginnt und langsam durch den ganzen Körper aufsteigt. Versuche »Sieg« als eine Empfindung des wahren Selbst wahrzunehmen, nicht als die Kraft der Überwindung von irgendetwas außerhalb von uns.
2. Übe, mit einem Gefühl des Sieges zu atmen. Bringe jedwede Ängste, Verteidigungen oder Begrenzungen, die du gewohnheitsmäßig erfährst, vor die Macht des Sieges. Erlaube dem Licht des Sieges, auf diese Begrenzungen zu fallen.
3. Atme ein und denke: »Ich bin.« Atme aus und denke „siegreich."

Kommentar

Anfänglich ist es eine Herausforderung für die Vorstellungskraft, sich einen Sieg ohne einen Feind oder eine zu überwindende Situation vorzustellen. Indem wir aber Sieg ohne Gegner zu erfahren lernen, entziehen wir der Gegnerschaft alle Kraft und verleiben diese Energie ganz natürlich dem Sieg selbst ein. Gewiss wird ein General, der auf einem Schlachtfeld einer 100.000 Mann starken, feindlichen Truppe gegenübersteht, Schwierigkeiten haben, keinen Gegner zu sehen. Aber der Sieg geschieht tatsächlich in dem Moment, wenn der Gedanke und die Furcht vor der Verteidigung verschwinden und durch Sicherheit und Ruhe ersetzt werden.

Wie viele Male in der Geschichte haben wir von einer kleinen Gruppe schlecht ausgerüsteter Krieger gehört, die eine scheinbar sehr viel stärkere und zahlreichere Armee geschlagen hat? Diese kleine Gruppe, oder vielleicht sogar nur ihr Anführer, erlebten den inneren Zustand von Ausgeglichenheit und Gleichmut, der sich äußerlich als die notwendige Konzentration von Energie manifestiert, die, zusammen mit einer reichlichen Portion Weisheit, Erfahrung und Inspiration, zum Sieg führen muss. Ohne die obige Erfahrung in unserem Leben können wir vielleicht einige Kämpfe gewinnen, aber wir werden den Krieg verlieren. Wenn wir nicht Distanziertheit gegenüber dem Sieg entwickeln, wird unsere Anhaftung an den Sieg häufig zu unserer Niederlage führen.

Meditationen über Eigenschaften

MITTWOCH

Mini-Meditation

Mitgefühl wird durch unsere individuellen Kämpfe im Leben weder definiert noch begrenzt. Diese sind lediglich Stationen, die uns in mitfühlende, menschliche Wesen verwandeln.

Meditation

(7-10 Minuten)

1. Stelle dir Mitgefühl als ein innerkörperliches Gefühl vor, das im Herzen beginnt und deinen ganzen Körper und deinen ganzen Geist berührt. Dies ist eine absolute Empfindung von Mitgefühl, die sich nicht auf Schuld oder das Verlangen, Gutes zu tun, begründet. Dies ist ein natürlicher Zustand der Fürsorge.
2. Erlaube es deinem Herz-Verstand, sich selbst das Bild oder die Namen einiger Menschen, die dir Schlechtes getan haben, vorzustellen. Spüre dieses absolute Mitgefühl, wie es über euch beide, dich und sie, flutet. Atme Fürsorge ein und Vergebung aus, während du die vollkommene Natur des Mitgefühls spürst.

Kommentar

Wir können nicht mehr versuchen, mitfühlend zu sein, als wir versuchen können, liebevoll zu sein. Diese Zustände repräsentieren so sehr den eigentlichen Kern unseres Wesens, dass die einzige Fähigkeit, die wir entwickeln können, darin besteht, diese Schliche unserer Persönlichkeit zu entfernen, die zwischen dem Mitgefühl in unserem Kern und dem Ausdruck des Mitgefühls in der äußeren Welt stehen. Das bedeutet nicht, dass wir die Persönlichkeit entfernen. In dieser Meditation erinnern wir die Persönlichkeit stattdessen an die Erfahrung, aus dieser Kerneigenschaft heraus, ohne die Vorsicht und Ich-Bezogenheit, die uns das Leben lehrte, zu handeln. Wenn ein Kind geboren wird, strahlen Licht und Liebe, die ungehindert aus seinen Augen leuchten, auf alle Menschen, unabhängig davon, ob diese das Kind nähren oder verletzen wollen. In vielen spirituellen Lehren wird Mitgefühl mit einem Regen gleichgesetzt, der auf alle Wesen gleichermaßen fällt. Es ist relativ einfach, jenen gegenüber mitfühlend zu sein, die wir lieben und respektieren. Diese Meditation lehrt uns wahres Mitgefühl, das eher da angeboten wird, wo es gebraucht wird, als da, wo es einfach ist. Natürlich wird die Entscheidung über die Notwendigkeit unserem Zuständigkeitsbereich entzogen, wenn wir durch das innere Training fähig werden, dem Mitgefühl zu erlauben, sich ungehindert auf alle auszudehnen. **Hinweis:** Gehe nicht zu Schritt zwei über, bevor du Schritt eins gemeistert hast.

8. Woche

Meditationen über Eigenschaften

DONNERSTAG

Mini-Meditation

Wir können nicht gleichzeitig gesund und begrenzt sein. Die großen Weisen der Menschheit sind gesund, selbst wenn ihre Körper Krankheit erleben, und die Nicht-Erwachten sind nicht gesund, selbst wenn sie keine offensichtliche Krankheit in ihrem Körper tragen.

Meditation

(7-10 Minuten)

1. Stelle dir eine Empfindung von Gesundheit als ein innerkörperliches Gefühl vor, das in den Handflächen und Fußsohlen beginnt und in Richtung des Zentrums von Herz und Geist wandert. Erlebe diese Gesundheit als einen Zustand des Gleichgewichts zwischen unten und oben, rechts und links, innen und außen, alles trifft sich im Zentrum.
2. Atme den Gedanken der Heilung ein und den Gedanken der Gesundheit aus. Während du atmest, erspüre jedes

Ungleichgewicht zwischen rechts und links, oben und unten, innen und außen und bringe sie in einen Zustand vollendeten Gleichgewichts. Stelle dir dein Wesen als zeit- und grenzenlos vor, während du gleichzeitig eine Erfahrung des Gleichgewichts zwischen Zeit und Raum aufrechterhältst.

3. Fülle alle Räume deines Geistes und deiner Emotionen mit tiefgreifender Gesundheit.

Kommentar

Die Lehre dieser Meditation ist das Gleichsetzen von Gesundheit mit Ausgeglichenheit. Jedwede Krankheit ist eine Manifestation von Ungleichgewicht. Deshalb müssen wir uns darin trainieren, Ausgeglichenheit zu fördern, wenn wir Gesundheit fördern wollen. Vor vielen Jahren war ich in ein Geschäftsseminar einbezogen. Einer der Sprecher schlug vor, dass die Gesellschaften danach streben sollten, einen ausgeglichenen Gewinn zu machen, anstatt nach einem riesigen Gewinn zu streben. Seine These war: Wenn der Gewinn zu groß wird, gibt es zumeist eine Neigung zu unausgeglichenem Wachstum, das zu tragischen Konsequenzen führt. In gewissem Sinne gilt das gleiche für unsere Gesundheit. Wenn wir etwas Nahrung zu uns nehmen, fühlen wir uns satt. Wenn wir zu viel essen, wird uns übel. Die Beispiele sind endlos. In dieser Meditation geht es darum, Gesundheit und Ausgeglichenheit auf einer viel tieferen und einer höheren Ebene zu erleben, als die Gewohnheiten, die wir uns im Leben angeeignet haben. Während wir auf diesen Zustand meditieren, beginnen die äußeren, unausgeglichenen Gewohnheiten wegzufallen. Es ist nie zu spät, Ausgeglichenheit zu üben.

Diese Meditation hat ein wunderbares Wechselspiel zwischen dem Absoluten und dem Relativen. Dieses Wechselspiel finden wir in allen Weltreligionen und in vielen Philosophien wieder. In der Religion repräsentieren Gebet und Meditation das Absolute und das rechtschaffene Leben repräsentiert das Relative. Eines führt natürlicherweise zum anderen.

FREITAG

Mini-Meditation

Die Wissenschaft erreicht heute das letzte Ende der langen Straße der Materie. Sie wird dort den Anfang des Pfades der Schwingung finden.

Meditation

(7-10 Minuten)

1. Stelle dir reine Schwingung vor, die in der zeit- und richtungslosen Essenz deines Wesens beginnt und dein Fühlen, Denken und deinen Körper berührt. Welches Gefühl oder welcher Gedanke dir auch immer kommt, löse ihn sofort in der subtilen Kraft der reinen Schwingung auf.
2. Spüre die absolute Schwingung hinter aller Lebensaktivität. Spüre die Schwingung im reinen Kern des Planeten Erde, der reinen Essenz der Sonne und in der Leere des Raumes. Spüre die alles durchdringende Natur von Schwingung.
3. Stelle das begrenzte Gespür deines Körpers und deines

Egos der unbegrenzten Natur der Schwingung gegenüber. Stelle dir Schwingung in einem Zustand vor, bevor sie wahrgenommen wurde.

Kommentar

Der gesamte Vorgang der Schöpfung, Vor-Schöpfung und Nach-Schöpfung kann als „Ruhe wird Schwingung wird Ruhe" beschrieben werden. Wenn das Absolute Ruhe ist, dann erschafft die Bewegung dieser Ruhe die Form, die sich dann zurück in Ruhe auflöst. Schwingung ist das Wort, das wir benutzen, um Bewegung zu beschreiben. Da alles Schwingung ist, kann Schwingung alles auflösen. Wenn Schwingung Form annimmt, sagen wir, sie ist Gedanke, Gefühl oder Objekt. Aber es ist durchaus möglich, reine Schwingung wahrzunehmen. Wenn wir uns auf Stille konzentrieren, dann tritt Klang (üblicherweise innerer Klang) hervor. Wenn die Mystiker diese inneren Klänge in der Meditation hören wollen, verschließen sie ihre Ohren, damit die innere Stille gehört werden kann.

8. Woche

Meditationen über Eigenschaften

WOCHENENDE

Mini-Meditation

*Leben beginnt mit einem Impuls nach oben,
zur Oberfläche hin und entwickelt Sinn,
indem es sich nach innen wendet.*

Meditation

(7 Minuten)

1. Spüre die Energie der Schwerkraft, die die Mystiker als die Anziehungskraft kennen. Stelle dir unendliche Anziehungskraft vor. Visualisiere ein schwarzes Loch im Weltraum, mit einer Anziehungskraft, die so mächtig ist, dass sie die Energie des Lichts in ihr eigenes Zentrum zieht.
2. Der Verstand möchte entweder durch oder um die Anziehungskraft herum gehen, aber betrachte Anziehungskraft für diesen Moment als eine Kraft, welche die essenzielle Energie deines Wesens vergrößern kann, indem sie diese in keine Richtung entweichen lässt.
3. Ziehe die Energie, die im Atem, im Denken und Füh-

len zu finden ist, in dein Zentrum. Unser Impuls ist, diese Energien an Objekte zu binden, aber lasse dich für die Dauer dieser Meditation, von jedem Gefühl, jedem Gedanken in deinen Kern ziehen. Übe dich darin, den Geist und die Emotionen zu zügeln.

Kommentar

Der reaktive Teil unserer Persönlichkeit fühlt sich oft unwohl damit, eingeschränkt zu sein. In dieser Meditation üben wir uns darin, diesen Zug ins Zentrum unserer Körper-Geist-Herz-Einheit zu nutzen, um unsere essenzielle Energie zu zentrieren. Betrachte diese Meditation als eine isometrische Übung: die Kraft ist da, auch ohne die Bewegung. Indem wir nicht zulassen, dass die Energie sich nach außen ausbreitet, bewegt sich die zusammengedrängte Energie nach innen. Dieser Vorgang richtet unser Bewusstsein auf den Kern unseres Wesens aus, was uns befähigt, das Leben friedlicher zu erleben.

9. Woche

Meditationen über Gegensätze

EINFÜHRUNG

In der Art und Weise wie Menschen lernen, hat das Erleben von Gegensätzen einen hohen Stellenwert und oft erzeugen die Gegensätze eher Dualität, als dass sie eine einheitliche Sichtweise auf das Leben fördern würden. Manche mögen eher heißes Wetter und andere eher kaltes Wetter, als Beispiel. Und in dem Moment, in dem wir Vorlieben für das eine oder das andere entwickeln, investieren wir in diese Wahl auf Kosten des Gegenteils. Plötzlich wird unsere Vorliebe zu unserer Mannschaft und wir setzen uns für sie ein in der Hoffnung, dass sie siegen wird. Wenn es nach den Heißwetter-Leuten ginge, läge die Welttemperatur bei 30°, während die Kaltwetter- Befürworter sich Eis und Schnee wünschen würden. Von der Dynamik der Gegensätze zu lernen, bedeutet für den Reisenden auf dem Pfad der Meditation, anstatt das eine über das andere zu stellen, vielmehr den Geist und die Intelligenz in Richtung Einheit zu bewegen. Wenn man Gegensätze vereint, übt das den kritischen Verstand auch darin, Anhaftung an eine Sichtweise aufzugeben und offener für viele Sichtweisen zu werden. Wenn diese Meditationen regelmäßig geübt werden, wird dies die wertende Natur deines Verstandes besänftigen und die Gabe der Intuition stärken.

9. Woche

Meditationen über Gegensätze

MONTAG

Mini-Meditation

Der erste Impuls erwacht, um den letzten Moment der Ruhe zu treffen.

Alpha/Omega Meditation

(7 bis 10 Minuten)

1. Stelle dir vor, mit jedem Ein- und Ausatmen durch die eigene Lebenszeit zurückzureisen. Wenn du jünger als dreißig bist, gehe jeweils drei Jahre zurück. Wenn du 31 oder älter bist, gehe jeweils fünf Jahre zurück. Verbringe mindestens drei Atemzüge mit jedem dieser Drei- oder Fünfjahresperioden. Reise weiter rückwärts, bis du in der Zeit angelangt bist, die deiner frühesten Kindheit entspricht.
2. Wenn du in dieser Zeitperiode angekommen bist, atme zehn ganze Atemzüge weiter und erlaube jedem Atemzug, dich zurück bis zum ersten Atemzug deines Lebens zu leiten. Atme etwa eine Minute lang ohne zu zählen weiter, während du diese Empfindung, den ersten Atemzug deines Lebens zu nehmen, festhältst.
3. Stelle dir jetzt vor, dass du den letzten Atemzug deines

Lebens tust. Während du diese Empfindung, das letzte Mal in deinem Leben ein- und auszuatmen, festhältst, atme wieder etwa eine Minute lang, ohne zu zählen.

4. Spüre die Beziehung zwischen den ersten und den letzten Atemzügen. Betrachte die Atemzüge eher als ein Rad denn als eine Linie und erlebe die Kreisförmigkeit des Zyklus. Jeder einzelne Punkt auf diesem Rad kann der erste oder der letzte sein. Wenn du möchtest, atme ein und denke: »der erste« und atme aus und denke. »der letzte«.

Kommentar

Mystiker nutzen oft Gegensätze, um ihr Bewusstsein aus der Welt der Gegensätze zurückzuziehen. Sie betrachten Geburt und Tod als verschiedene Momente derselben Erfahrung. Jeder Anfang trägt das Ende bereits in sich; und jedes Ende birgt die Möglichkeit eines Neubeginns. Diese Meditation wirkt auf vielen verschiedenen Ebenen. Das Leben als ein Rad zu betrachten, kann eine neue Sichtweise ergeben sowie Gegensätze als Eins zu betrachten oder die zyklische Natur und Beziehung zwischen früher Kindheit und hohem Alter zu erkennen. **Hinweis:** Je mutiger du diese Meditation angehst, desto tiefgründiger sind die Ergebnisse. Fürchte dich nicht davor, dir deine letzten Atemzüge vorzustellen, denn das Akzeptieren des Todes führt zu dem Wissen, das der Tod als Geheimnis in sich birgt.

Meditationen über Gegensätze

DIENSTAG

Mini-Meditation

Wir erschaffen, um das Potential unserer Seele auszudrücken. Wir zerstören, um die Hindernisse auf dem Pfad der Erfüllung zu beseitigen.

Erschaffen/Zerstören Meditation

(7 bis 10 Minuten)

1. Verlängere deinen Atem sowohl beim Ein- als auch beim Ausatmen ein wenig. Nutze nun deinen Atem, um die Kraft zu finden, die erschafft. Suche nicht nach den Früchten des Schaffens, sondern spüre die reine Schöpferkraft.
2. Erschaffe in deiner Vorstellung etwas, das positiv für dein Leben ist und fühle dann, wie es sich auflöst.
3. Erschaffe etwas, das Negativ für dein Leben ist und löse es dann auf.
4. Jetzt erschaffe etwas, das Angst macht und löse es auf.
5. Erschaffe etwas, das zweifelhaft ist und löse es auf.
6. Erschaffe irgendeinen Gedanken und löse ihn auf.

7. Jetzt nimm die Kraft der Auflösung und Zerstörung und verwandele sie in Kreativität. Spüre Auflösung und Zerstörung, während du ausatmest. Spüre Schöpfung, während du einatmest. Nimm wahr, wie wir mit jedem ganzen Atemzug sowohl erschaffen, als auch zerstören. Beim Einatmen denke das Wort: »Erschaffen«, beim Ausatmen denke: »Zerstören«.

Kommentar

Viele von uns sind mit dem Konzept aufgewachsen, dass Schöpfung gut und Auflösung oder Zerstörung schlecht sei. Dies führt zur Neigung alles festzuhalten, was wir geschaffen haben. Uns wurde nie beigebracht, wie wir bewusst das auflösen oder zerstören können, was in unserem Leben oder Denken beendet ist. Diese Meditation übt uns darin, die Kraft der Auflösung als positive Macht in unserem Leben weise zu gebrauchen. Stelle dir die Freiheit vor, die du durch die Befreiung von der Tyrannei deines eigenen Verstandes erleben kannst, wenn es dir gelingt Gedanken und Gefühle willentlich aufzulösen.

Hinweis: Diese Meditation wird durch Übung verstärkt. Entferne und zerstöre Gedanken und Neigungen, die ihre Arbeit getan haben, immer wieder, täglich. Selbst der einfache Akt, die eigenen Habseligkeiten wegzugeben, stärkt diese Kraft.

9. Woche

Meditationen über Gegensätze

MITTWOCH

Mini-Meditation

Das Leben schränkt uns ein, um es in seinen Einzelheiten kennenlernen zu können und weitet uns, damit wir seine unermessliche Größe erleben können.

Erniedrigen/Erhöhen Meditation

(7 bis 10 Minuten)

1. Stelle dir Leben als in alle Richtungen begrenzt vor. Was immer du tust, wird gestoppt und fällt in sich zusammen. Dein weiter Horizont wird eng, dein fühlendes Herz hört auf zu fühlen, deine hohen Ideale verschwinden. Jede Richtung zeigt dir eine Wand, begrenzt dich und gibt dir das Gefühl, klein zu sein. Fühle die Kraft dieser Begrenzung – ohne Anhaftung. Ohne es als gut oder schlecht zu bewerten, beobachte, wie dein Denken dich nieder ziehen kann.
2. Nun werde dir des Gegenteils bewusst – wie du als Individuum erhoben werden kannst bis an die Spitze. Sieh dich selbst als Königin oder König, als weisen

Lehrer, großen Künstler, das liebende, grenzenlose menschliche Wesen.

3. Während du einatmest, nimm dich als begrenztes, niedergedrücktes Wesen wahr und beim Ausatmen fühle dich verherrlicht, grenzenlos und erhoben.
4. Finde heraus, ob du dich erniedrigt und begrenzt fühlen kannst, ohne persönliche Beispiele zu brauchen. Finde heraus, ob du das Gefühl der Verherrlichung ohne es zu personifizieren, erleben kannst. Wenn man nicht wertet, kann man beides ganz erleben.

Kommentar

Diese Meditation ist nur für sehr Mutige. Wenn du keinen Wunsch verspürst, diese Meditation zu machen, gehe einfach weiter, ohne jegliche Wertung oder Verurteilung. Manche Menschen fragen: „Was ist der Zweck dieser Meditation?" Sie ist ein machtvolles Instrument, um Distanziertheit (Nicht-Anhaftung) zu entwickeln. Solange wir die Kraft nicht erlebt haben, die uns genauso gut niederziehen wie aufrichten kann, gibt es eine Tendenz, unser spirituelles Leben auf unsere eigenen Bedürfnisse und Erwartungen zu gründen anstatt auf die ganze kreative Macht des Universums. Wenn wir erniedrigt werden, ist das eine wunderbare Gelegenheit, Meisterschaft und Furchtlosigkeit zu entwickeln. Wenn wir erhoben werden, ist es an der Zeit Dankbarkeit und Großzügigkeit zu entwickeln.

9. Woche

Meditationen über Gegensätze

DONNERSTAG

Mini-Meditation

Ausdehnung bewegt die Liebe in alle Richtungen. Zusammenziehen zieht die universelle Liebe auf einen einzigen Punkt zusammen.

Ausdehnen/Zusammenziehen Meditation

(15 Minuten)

1. Stelle dir vor, wie dein Körper mit jedem Einatmen größer und größer wird. Mache das zehnmal, wobei du dich auf das Einatmen und die Ausdehnung konzentrierst.
2. Jetzt konzentriere dich auf das Ausatmen und erlaube deinem Körper immer kleiner zu werden. Ziehe deinen Körper mit jeder Ausatmung zusammen, bis er sich auf einen einzigen Punkt verkleinert hat. Mache dies zehn Mal.
3. Stelle dir vor, wie dein Geist bei jedem Einatmen größer und größer wird. Mache das zehnmal, wobei du dich auf den Einatem und die Ausdehnung konzentrierst.
4. Jetzt konzentriere dich auf die Ausatmung und erlaube deinem Geist immer kleiner zu werden. Ziehe deinen

Geist mit jedem Ausatmen zusammen, bis er sich auf einen einzigen Gedanken-Punkt verkleinert hat. Mache dies zehnmal.

5. Stelle dir zehn Atemzüge lang vor, wie sich deine Emotionen ausdehnen, während du dich auf Einatmung und Ausdehnung konzentrierst.
6. Konzentriere dich die nächsten zehn Atemzüge lang auf die Ausatmung, während du die Emotionen auf einen einzigen Punkt zusammenziehst.
7. Erweitere dein Wesen zehn Atemzüge lang, wobei du dich auf Einatmung und Ausdehnung konzentrierst.
8. Ziehe dein Wesen zehn Atemzüge lang auf einen einzigen Punkt zusammen, indem du dich auf die Ausatmung konzentrierst.

Kommentar

Die Fähigkeit den Verstand und die Emotionen auszudehnen und zusammenzuziehen ist eine große Hilfe für den Alltag in dieser komplexen Welt. Manche Situationen erscheinen schrecklich gewichtig, bis wir unseren Verstand ausdehnen und erkennen, dass sie eigentlich nur ein Sturm im Wasserglas sind. Wenn wir zu jemandem sagen: »Mache dir doch nicht solche Sorgen um so eine Kleinigkeit«, hat das oft keine positive Wirkung und kann Verstand und Emotionen dieser Person auf diese Situation fixieren. Jemandem dagegen zu zeigen, wie man sein Bewusstsein ausdehnt, so dass man im weiten Raum des Denkens und Fühlens seinen Platz finden kann, wird ihn auf natürliche Weise befähigen, eine klare Perspektive zu gewinnen.

Die Expansion und Kontraktion des Geistes ist eine ganz andere Sache. In diesem Fall erlaubt uns die Ausdehnung, die Einheit in den vielen Formen zu erfahren. Das Zusammenziehen des Geistes legt die Betonung auf die Quelle und das Ziel. Nach einiger Zeit kannst du im Verlauf eines Tages mehrfach im Geiste zwischen der Erfahrung der Einheit und der Erfahrung der Vielfalt hin- und herreisen. Die Erfahrung dieser beiden Zustände unseres Wesens hilft uns, das Ziel des Lebens zu berühren, welches Ausgeglichenheit ist. Wie oft wir uns zwischen der Quelle und der Vielfalt hin und her bewegen können, hängt von unserer Fähigkeit ab, unter allen Umständen des Lebens unseren Fokus auf das Eine aufrecht zu halten.

9. Woche

Meditationen über Gegensätze

FREITAG

Mini-Meditation

Beim Erwachten maskiert das zornige Gesicht oft den friedvollen Geist. Beim Schlafenden maskiert das friedliche Gesicht oft einen zornigen Geist.

Zornig/Friedlich Meditation

(10 Minuten)

1. Nutze deine kreativen Kräfte, um ein mythologisches, zorniges Geschöpf zu erschaffen. Nutze deine Vorstellungskraft und deine tiefen Instinkte, um dieses Geschöpf mit soviel Einzelheiten wie möglich auszustatten. Dieses Geschöpf ist voller Feuer und Kraft und durch diesen Zorn zerstört es jede Blockade in deinen Wesen oder jeden Teil, der dich von der Wahrheit ablenkt. Erlaube diesem zornigen Geschöpf, alle Gedanken des Zweifels, des Selbstmitleids und der Furcht in dir zu entwurzeln.
2. Nutze deine kreativen Kräfte, um ein mythologisches Geschöpf des Friedens und der Ruhe zu schaffen. Stelle

dir vor, dass dieses Geschöpf Stille und Tiefe besitzt und dass alle Aktivität deines Wesens in seine Friedfertigkeit versinken wird, so dass nur noch Stille bleibt. Erlaube diesem Geschöpf, jede Unruhe oder jedes Bedürfnis nach Erregung in dir aufzulösen.

Kommentar

Wir neigen dazu, zornige Geschöpfe als auf der dunklen Seite stehend, oder als böswillig einzuordnen. Diese Meditation hilft uns, sowohl die zornigen als auch die friedlichen Seiten der Schöpfung als gegensätzliche Kräfte zu nutzen, die positive Wirkungen erzeugen. Du hast eine große Lektion gelernt, wenn du die Maske des Zorns aufsetzen kannst und durch die Kraft deines Blickes jene unklaren Eindrücke und Gedanken abschütteln kannst, die an dir haften. Auf die gleiche Weise kannst du ein mythologisches Geschöpf des Friedens erschaffen, das deine chaotischen Gedanken und Gefühle in einem Ozean der Stille auflöst.

9. Woche

Meditationen über Gegensätze

WOCHENENDE

Mini-Meditation

Der Becher muss geleert werden, bevor er gesäubert und wieder gefüllt werden kann. Es ist schwierig, einen Becher zu spülen, wenn er voller Wein ist.

Leer/Voll Meditation

(20 Minuten)

1. Stelle dir deinen Körper als ein Gefäß vor, das mit dem Rest deines physischen Körpers gefüllt ist – Knochen, Blut, Organe, Fleisch und Nervengewebe. Wenn du ausatmest, stelle dir vor, dass jemand den Stöpsel aus deinen Fußsohlen gezogen hat und all die physische Materie deines Körpers jetzt heraus fließt. Mache das fünfzehn Atemzüge lang, bis du deine Haut als leeres Gefäß spürst.
2. Während der nächsten fünfzehn Atemzüge stelle dir beim Einatmen vor, dass du ganz bewusst dieses Gefäß mit all deinen inneren Zutaten füllst, die durch ihre Reise außerhalb deiner Haut gereinigt wurden. Nimm bei jedem Einatmen deine gereinigten Kno-

chen, Blut, Organe, Fleisch und Nervengewebe hinein.

3. Stelle dir nun deinen Verstand als eine Schale aus Gedankengewebe vor, die mit deinen Gedanken gefüllt ist. Beim Ausatmen erlaubst du der Schale, sich allmählich von deinen Gedanken zu entleeren. Mache das während fünfzehn Atemzügen, bis du dein Denken als eine leere Schale erfährst.
4. Fülle während der nächsten fünfzehn Atemzüge beim Einatmen deine Schale mit gereinigtem Gedankengewebe.
5. Stelle dir nun deine Gefühle und Empfindungen vor, als wären sie in durchlässige Gaze gehüllt. Erlaube, dass deine Gefühle beim Ausatmen nach und nach aus der Gaze herausgezogen werden, bis das Gewebe sanft im leichten Wind weht. Mache dies fünfzehn Atemzüge lang, bis sich dein Gefühlskörper wie ein reines, leeres Gewand anfühlt.
6. Ziehe während der nächsten fünfzehn Atemzüge beim Einatmen die verfeinerte Energie der Gefühle ein, die ganz natürlich an der emotionalen Gaze hängen und sie eher aufwerten als blockieren.

Kommentar

In dieser Meditation nutzen wir Gegensätze, um uns zu reinigen und wieder aufzuladen. Wenn wir dem Körper, dem Verstand und den Emotionen erlauben, leer zu werden, wird alles, was unrein oder dicht ist, auf natürliche Weise abfallen.

Wenn wir die Formen dann wieder in uns zurückholen, fühlen sie sich neu belebt an, weil sie geleert und wieder heil gemacht wurden. Halte beim Ausatmen nichts zurück. Benutze deinen Willen als Brennstoff, um sicherzustellen, dass alle Teile des Körpers, der Gedanken und alle Gefühle vollständig aus deinem Selbst entfernt wurden.

Mit ein bisschen Training wirst du fähig werden, Körper, Verstand und Gefühle willentlich zu leeren, wenn die Situation es erfordert.

10. Woche

Klangmeditationen

EINFÜHRUNG

Das Format dieser Woche wird sich von dem der anderen Wochen unterscheiden, da es nötig sein wird, dass du einen Klang erzeugst und diesen Klang zum inneren Erwachen benutzt. Wenn du in einer Umgebung bist, wo es nicht angenehm ist, stimmhaft Töne zu erzeugen, dann kannst du die Vorstellungskraft nutzen, um den Klang innerlich zu erzeugen. Es ist jedoch wirkungsvoller, den Klang tatsächlich physisch zu erzeugen. Wenn du den Klang laut machst, kümmere dich nicht so sehr um die richtige Aussprache, sondern um das Hören des tatsächlich erzeugten Klangs. Wichtig ist auch, die Schwingung des Klangs in dem empfohlenen Bereich des Körpers zu verankern. Für einige wird das eine tatsächliche, körperliche Erfahrung, für andere eine subtile, ätherische Erfahrung sein. Die Betonung sollte eher auf Erfahrung liegen, als auf der Erwartung oder dem Wunsch »es richtig zu machen.«

Vorsicht: Diese Übungen dürfen nicht während des Fahrens gemacht werden. Die Wochenendübung ist am besten zu Hause in der Stille zu praktizieren. Wenn du schwindelig oder benommen wirst, halte inne, wo auch immer du gerade im Zyklus bist, atme ein wenig tiefer und wenn es wieder angenehm ist, beginne erneut und verkürze dabei die Zeit, die du jeden Klang anhältst.

Das Ziel ist nicht unbedingt, die volle Anzahl an Wiederholungen zu erreichen, als würdest du Gewichte heben, sondern Momente transformativer Kraft zu erleben. In dieser Meditationsreihe kommt derjenige zum Ziel, der nach zwei oder drei Wiederholungen tief berührt ist, während derjenige, der die volle Anzahl an Wiederholungen durchzieht, vielleicht nur sein Ego gestärkt hat. Hier wird ein sehr feines Gleichgewicht zwischen Feinfühligkeit und Willenskraft benötigt.

Auf der Internetseite »www.UniversalMeditations.com« kann man Hörbeispiele der Meditationen diese Buches und weitere Quellen finden.

10. Woche

Klangmeditationen

MONTAG

Mini-Meditation

Das liebende Wesen, auch wenn es sensitiver für die Schmerzen dieser Welt ist, ist inniger auf die nächste Welt eingestimmt.

Meditation

(6 bis 8 Minuten)

1. Erzeuge mit natürlicher Stimme zwanzigmal die Silbe »ka«, halte jede Wiederholung drei oder vier Sekunden lang. Versuche, den Klang hinter dem Brustbein im Zentrum der Brust vibrieren zu lassen.
2. Wechsle zur Silbe »ga« und wiederhole die Übung.
3. Wiederhole den obigen Zyklus zunächst mit »ka« und dann mit »ga«, jeweils zwanzigmal.
4. Zum Abschluss stimme vierzigmal die Silbe »la« an. Verankere die Schwingung weiterhin im Zentrum der Brust und halte jede Wiederholung drei bis vier Sekunden lang.
5. Gestatte dir, dich während dieser Meditation als liebevoll zu empfinden.

Kommentar

Diese Klänge werden die Öffnung des Herzzentrums fördern. Während du dich auf den »ah« -Laut in jeder Silbe konzentrierst, versuche dir vorzustellen, dass der Klang eher aus dem Zentrum deiner Brust hervorgeht, als aus deinem Mund kommt. Beobachte dich selbst, wie du den Klang ins Herzzentrum hinunterführst und nicht in den Kopf hebst. Zuerst mag das Gefühl künstlich und angespannt sein, aber wenn du hartnäckig bleibst, wird ein Gefühl der Offenheit erzeugt. Diejenigen, die noch nie Übungen mit Klang gemacht haben, könnten vielleicht anfangs ein wenig gehemmt sein. Die Lösung ist natürlich Beharrlichkeit und sich auf den Klang zu konzentrieren, unabhängig vom Zustand des Ego. Es ist hilfreich für diese Meditation, sich an die Anweisung zu erinnern und sich liebevoll zu fühlen.

Klangmeditationen

DIENSTAG

Mini-Meditation

Die Kraft des Erwachens durchdringt die Rüstung der Dualität.

Meditation

(10 Minuten)

1. Erzeuge mit deiner natürlichen Stimme vierzigmal den Klang »huii«, halte jede Wiederholung drei Sekunden lang. Spüre die Schwingung des Klangs in der Mitte der Stirn.
2. Erzeuge vierzigmal den Klang »la« und lokalisiere das Zentrum des Klangs in die Mitte der Brust.
3. Kehre für achtzig Wiederholungen. zum Klang »huii« zurück, der in der Stirn schwingt. (Wenn du nicht genug Zeit für achtzig hast, mache vierzig.)
4. Das Gefühl dieser Übung ist: durchdringend.

Kommentar

In dieser Meditation erfahren wir das, was allgemein als das »dritte Auge« bezeichnet wird. Es ist der Hauptsitz für Erkenntnis und wenn es sich öffnet, wird unsere Sichtweise für Menschen und Ereignisse vertieft. Wir betonen absichtlich die Verbindung zwischen dem Herz und dem dritten Auge, da das Herz die Quelle aller Zentren ist. Es ist wahr, dass die Basis des Rückgrats ein großer Energiespeicher ist, aber das Reservoir des Herzens ist unendlich größer.

MITTWOCH

Mini-Meditation

Erwache jetzt oder erwache später, es spielt keine Rolle, denn erwachen musst du.

Meditation

(8 Minuten)

1. Stelle dir eine gerade Linie vor, die vom Scheitelpunkt deines Kopfes bis zur Zungenwurzel gezogen ist und eine andere quer durch deinen Kopf von Ohr zu Ohr. Nun stelle dir dort, wo die beiden Linien sich kreuzen, einen Raum in Größe eines Golfballs vor.
2. Erzeuge mit deiner natürlichen Stimme fünfzehnmal den Klang »ong« und lasse die Schwingung in der vorher beschriebenen Stelle vibrieren. Halte den Klang eher beim »ng« als bei dem eröffnenden »o« und halte jede Wiederholung vier Sekunden lang.
3. Erzeuge den Klang »huii« zehnmal, lasse den Klang dabei in der Mitte der Stirn vibrieren.
4. Wiederhole diesen Zyklus noch zweimal (fünfzehn »ong«, zehn »huii«, fünfzehn »ong«, zehn »huii«.)

5. Es ist ein Gefühl des Erwachens.

Kommentar

Der Klang »huii« steht in Verbindung mit der Oberfläche des Dritten Auges, der Klang »ong« mit der Tiefe des Dritten Auges. Während du diese Klänge hervorbringst, stelle dir die Atmosphäre um deinen Kopf herum als sehr rein und klar vor. Du brauchst nicht überrascht oder beunruhigt sein, wenn diese Klänge innere Bilder erzeugen. Es ist nicht ungewöhnlich, Farben oder Licht im Innern zu sehen. Erinnere dich, dass wir alle verschiedene angeborene Qualitäten und Ebenen der Sensibilität haben, die uns am besten in die Lage versetzen, unserem Wesen Ausdruck zu verleihen.

10. Woche

Klangmeditationen

DONNERSTAG

Mini-Meditation

Für Liebende ist der Horizont unendlich,
und sie streben beständig danach,
ihn zu erreichen.

Meditation

(10 bis 15 Minuten)

1. Erzeuge mit deiner natürlichen Stimme fünfzigmal die Silbe »dom« (mit offenem »o« wie in »komm«), halte jede Wiederholung drei Sekunden lang. Der Klang sollte sich so anfühlen, als käme er aus dem unteren Rücken.
2. Erzeuge jetzt fünfzigmal die Silbe »som« (mit dem gleichen »o«-Laut), halte jede Wiederholung ebenfalls drei Sekunden lang. Der Klang sollte sich anfühlen, als käme er von den Schulterblättern und dem oberen Rücken.
3. Wiederhole den Zyklus noch bis zu zweimal, wenn du möchtest.
4. Das Gefühl ist: erweiternd und ausdehnend.

Kommentar

Traditionell gilt der Rücken als die Erweiterung des Herzzentrums. Der untere Rücken tauscht Energien und Eindrücke mit unserem äußeren Leben aus, der obere Rücken mit unserem inneren, mystischeren Anteil. Viele Menschen, die Schwierigkeiten mit dem Leben haben, haben auch Schmerzen im unteren Rücken, wofür es eine Fülle von Selbsthilfe-Büchern gibt. Es sind aber nicht nur Körperübungen, sondern auch die Übungen mit Schwingung, die dem unteren Rücken helfen, die manchmal niederschmetternde Natur des Lebens in der Welt zu überstehen.

Der obere Rücken ist die Heimat der inneren Zweifel und Befürchtungen, ausgeschlossen zu werden. Die Auswirkungen der Schwingung dieser Übung werden helfen, diese Zweifel und Befürchtungen zu entwirren, wenn man täglich übt.

Die Botschaft der Mini-Meditation ist das Anerkennen der Tatsache, dass mancher Schmerz ein integraler Bestandteil des Lebens in der Welt ist. Trotzdem ist es Teil unserer Aufgabe als liebende menschliche Wesen, unnötigen Schmerz in anderen und uns selbst zu beseitigen.

10. Woche

Klangmeditationen

FREITAG

Mini-Meditation

Mitgefühl ohne Macht ist unvollkommen.

Meditation

(12 Minuten)

1. Stelle dir eine Aushöhlung von etwa 7 bis 10 cm vor, die etwa 5 cm hinter deinem Nabel liegt. (Die Öffnung zeigt zum Nabel hin.)
2. Erzeuge mit natürlicher Stimme fünfzigmal die Silben »la-oh« mit der Betonung auf »oh«. Halte jeden »oh«-Teil des Klanges vier Sekunden lang. Spüre die Schwingung des Klangs in der Aushöhlung hinter dem Nabel.
3. Erzeuge jetzt zehnmal den Klang »hu« und halte jede Wiederholung zehn Sekunden lang. Spüre die Schwingung des Klangs in der Kehle.
4. Wiederhole den Zyklus noch bis zu zweimal, wenn du möchtest.
5. Das Gefühl ist das von Mitgefühl.

Kommentar

Der Klang »la-oh« ist förderlich, um die gleichzeitige Öffnung des Herzen und der Krone zu beschleunigen. Die Krone ist ein Zentrum über dem Scheitel, das man sich als eine Quelle strahlenden Lichtes vorstellen kann. Die Kombination dieser beiden Klänge hilft, ein mitfühlendes Wesen und sanfte Gefühle zu entwickeln. In der Meditation sind Sanftheit und Feinfühligkeit Eigenschaften von höchster Wichtigkeit.

In vielen Religionen steht der Klang »hu« für die göttliche Gegenwart. Die Kombination des »h« mit den weichen Vokalen erweckt die Sehnsucht nach Zuständen der Reinheit und der Ewigkeit.

Hinweis: Nachdem du »la-oh« auf einer Tonhöhe angestimmt hast, versuche »la« als tieferen Ton und »oh« als höheren Ton zu tönen.

10. Woche

Klangmeditationen

WOCHENENDE

Mini-Meditation

Der Vogel im Flug hat das Geheimnis entdeckt, die Erde in den Himmel zu verwandeln.

Meditation

(12 Minuten)

1. Erzeuge mit deiner natürlichen Stimme fünfzehnmal den Klang »hu«. Halte jede Wiederholung zehn Sekunden lang und spüre die Schwingung in der Kehle.
2. Stimme jetzt die Silbe »la« dreißigmal an. Halte jede Wiederholung fünf Sekunden lang; spüre die Schwingung im Zentrum der Brust.
3. Wiederhole den Zyklus bis zu dreimal, wenn du möchtest.
4. Die Gefühle sind: spirituell oder ätherisch.

Kommentar

Die Kombination von »hu« und »la« wirkt wie ein elektrischer Strom und erleuchtet unseren Geist. Wenn du diese Klänge täglich wiederholst, wirst du bemerken, wie in deinem Geist auf natürliche Weise mehr Raum entsteht, ein wachsendes Gefühl der Nicht-Anhaftung und ein Anstieg von Sensibilität. Diese Übung hilft auch, die kreativen Aspekte unserer Persönlichkeit zu steigern. Versuche, ein Gefühl der Heiligkeit zu bewahren, während du diese Klänge anstimmst.

11. Woche

Klang- und Lichtmeditationen

EINFÜHRUNG

Dies ist eine Erweiterung der Meditationen von Woche 10. Am besten befasst man sich mit jenen zuerst, bevor man die Meditationen von dieser Woche beginnt.

So wie in Woche 10 setzen auch diese Meditationen voraus, dass du einen Klang erzeugst und diesen Klang für das innere Erwachen nutzt. Wie zuvor auch, verwende deine Vorstellungskraft, um den Klang innerlich zu erzeugen, wenn es deine Umgebung nicht zulässt, den Klang ohne Unannehmlichkeiten laut zu machen.

Du brauchst nicht übermäßig besorgt um die richtige Aussprache zu sein. Es ist wichtiger, dem tatsächlich erzeugten Klang zu lauschen. Wichtig ist auch, die Schwingung des Klangs in dem empfohlenen Bereich des Körpers zu verankern. Es kommt nicht darauf an, ob du dies als eine körperliche Erfahrung oder als eine Erfahrung auf einer subtileren Ebene erlebst. Die Betonung sollte eher auf der Erfahrung selbst liegen, als auf der Erwartung oder dem Wunsch »es richtig zu machen.«

Es gelten dieselben Vorsichtsmaßnahmen wie in Woche 10. Übe nicht während des Fahrens. Die Wochenendübung ist am besten zu Hause in der Stille zu praktizieren. Wenn du schwindelig oder benommen wirst, halte inne, wo auch immer du gerade im Zyklus bist, atme ein wenig tiefer. Wenn du neu beginnst, verkürze die Zeit, die du jeden Klang anhältst.

Erinnere dich, dass das Ziel dieser Übungsreihe ist, Augenblicke transformativer Energie zu erleben und es ist vielleicht nicht notwendig, die vollständige Anzahl der Wiederholungen zu erreichen. Die vorgeschlagene Anzahl an Wiederholungen durchziehen zu wollen, kann es erschweren, die Schwingung im Körper zu spüren. Versuche, die empfindliche Balance zwischen einem feinen Gespür für den Augenblick und dem Wunsch, die angegebene Anzahl an Wiederholungen zu vollenden, zu finden.

11. Woche

Klang- und Lichtmeditationen

MONTAG

Mini-Meditation

Einem anderen gegenüber Vergebung zum Ausdruck zu bringen, öffnet eine Tür. Sich selbst gegenüber Vergebung zu fühlen, erlaubt einem, sie zu durchschreiten.

Meditation

(6 - 8 Minuten)

1. Erzeuge mit deiner natürlichen Stimme zwanzigmal die Silbe »ka«, halte jede Wiederholung drei bis vier Sekunden lang. Versuche, die Schwingung des Klanges hinter dem Brustbein in der Mitte der Brust zu fühlen. Stelle dir mit deinem inneren Auge ein buttergelbes Licht vor, während du diesen Klang erzeugst.
2. Wechsle zur Silbe »ga« und wiederhole die Übung wie oben. Stelle dir vor, dass das Licht goldener geworden ist und an Tiefe und Dimensionalität gewinnt.
3. Wiederhole den Zyklus.
4. Das Gefühl ist das von Vergebung.

Kommentar

Das gelbgoldene Licht in dieser Übung erinnert uns an das Licht unseres Wesens. Es gibt einen Grund, warum wir Gold so hoch schätzen. Wir fühlen in unserem Unbewussten eine sehr tiefe Verbundenheit mit dieser Farbe und wenn wir diesen Klang erzeugen, erscheint das Licht ganz von selbst. Die Farbe ist ausgesprochen heilsam für das Nervensystem.

11. Woche

Klang- und Lichtmeditationen

DIENSTAG

Mini-Meditation

Es ist das Ego, das sich unterwerfen muss, nicht der Geist.

Meditation

(10 Minuten)

1. Erzeuge mit deiner natürlichen Stimme vierzigmal den Klang »huii«, halte jede Wiederholung drei oder vier Sekunden lang. Spüre die Schwingung des Klangs in der Mitte der Stirn. Stelle dir ein sehr sanftes lila Licht und die Stimmung vor der Morgendämmerung vor, während du diesen Klang erzeugst.
2. Wiederhole bis zu zwei Zyklen zu je vierzig, wenn du möchtest.
3. Das Gefühl ist das von einem kühlen Nachgeben.

Kommentar

Die lila Farbe erweckt ein Gefühl von Liebe ohne emotionales Gepäck. Im Alter geben wir uns den Wandlungen des Lebens hin und akzeptieren, dass das Leben der Wandel selbst ist. Diese Übung fördert ein harmonisches Gefühl von Gleichmut.

11. Woche

Klang- und Lichtmeditationen

MITTWOCH

Mini-Meditation

Wenn du dein eigenes Wesen erheben kannst, dann kannst du auch für andere Hilfe und Trost sein.

Meditation

(8 Minuten)

1. Stelle dir eine gerade Linie vor, die vom Scheitelpunkt deines Kopfes bis zur Zungenwurzel gezogen ist und eine andere quer durch deinen Kopf von Ohr zu Ohr. Nun stelle dir dort, wo die beiden Linien sich kreuzen, einen Raum in der Größe eines Golfballs vor.
2. Erzeuge mit deiner natürlichen Stimme fünfzehnmal den Klang »ong« und lasse die Schwingung in der vorher beschriebenen Stelle vibrieren. Halte den Klang eher beim »ng« als bei dem Eröffnungsklang »o« und halte jede Wiederholung fünf Sekunden lang. Stelle dir ein pfirsichfarbenes Rosa-Orange vor, das sehr dunkel ist und von innen heraus leuchtet, während du diesen Klang erzeugst.

3. Wiederhole bis zu drei Zyklen zu je fünfzehn Wiederholungen, wenn du möchtest.
4. Es ist das Gefühl von Erhebung.

Kommentar

Dies ist eine spezielle Farbe für die Mystiker, sie steht sowohl für Sonnenaufgang als auch den Sonnenuntergang. Einige der großen Lehrer der Menschheit haben diese Farbe getragen, ebenso wie auch Personen aus einigen Yoga-Orden oder einigen Buddhistischen Sanghas (Gemeinschaften). Sich dieser Farbe auszusetzen, fördert eine positive Einstellung, ein fürsorgliches Wesen und starken Glauben in die harmonische Persönlichkeit Gottes. Es ist diese Farbe, die unser Unbewusstes daran erinnert, dass Leiden nicht ewig ist, sondern so wie Sonnenaufgang und Sonnenuntergang ein Zeichen des Übergangs. Dies könnte eine gute Farbe sein, um in dein Haus aufgenommen zu werden.

11. Woche

Klang- und Lichtmeditationen

DONNERSTAG

Mini-Meditation

Rein ist, was keine Spur von irgendetwas, außer von sich enthält.

Meditation

(10 bis 15 Minuten)

1. Erzeuge mit deiner natürlichen Stimme fünfzigmal die Silbe »dom« (mit offenem »o« wie in »komm«), halte jede Wiederholung drei Sekunden lang. Der Klang sollte sich so anfühlen, als käme er aus dem unteren Rücken. Stelle dir ein helles, frühlingsgrünes Licht vor, die Farbe von jungem Gras, während du diesen Klang erzeugst.
2. Erzeuge jetzt fünfzigmal die Silbe »som« (mit dem gleichen »o«-Laut), halte jede Wiederholung ebenfalls drei Sekunden lang. Der Klang sollte sich anfühlen, als käme er von den Schulterblättern und dem oberen Rücken. Stelle dir Licht von eisblauer Farbe, wie ein Gletscher, vor während du diesen Klang erzeugst.
3. Wiederhole den Zyklus noch zweimal.
4. Das Gefühl ist das von Reinheit.

Kommentar

Frühlingsgrün ist die Farbe der Heilung und der klaren Kommunikation. Einer wunden Kehle kann oft geholfen werden, indem man sich einen frühlingsgrünen Schal umbindet und versucht, nur noch gut über Menschen zu sprechen. Das Eisblau erinnert uns an das Stadium des Bewusstseins, als noch keine Schatten in unseren Gedanken waren, keine Staubpartikel, um das Licht zu reflektieren. Wenn wir diese eisblaue Farbe visualisieren, reinigt das unseren Körper, Geist, Herz und Seele.

11. Woche

Klang- und Lichtmeditationen

FREITAG

Mini-Meditation

Die innere Sicht ist unendlich, die äußere Sicht endlich. Der innere Klang ist endlos, der äußere Klang begrenzt. Die Aufgabe ist, das Endliche im Unendlichen zu verlieren und wieder daraus hervorzugehen, so wie der Tag aus der Nacht hervorgeht.

Meditation

(12 Minuten)

1. Stelle dir eine Aushöhlung von etwa 7 bis 10 cm vor, die etwa 5 cm hinter deinem Nabel liegt. (Die Öffnung zeigt zum Nabel hin.)
2. Erzeuge mit natürlicher Stimme fünfzigmal die Silben »la-oh« mit der Betonung auf »oh«. Halte jeden »oh«-Teil des Klanges vier Sekunden lang. Spüre die Schwingung des Klangs in der Aushöhlung hinter dem Nabel. Stelle dir ein schwarzes Licht vor, das kristallin und samtig ist, während du diesen Klang erzeugst.
3. Wiederhole den Zyklus zweimal, wenn du möchtest.

4. Das Gefühl ist: selbstlos und unendlich.

Kommentar

Einige Mystiker beziehen sich auf Christus als „das schwarze Licht“. Man kann sich das aber auch als ein Licht vorstellen, das so machtvoll ist, dass es alles andere Licht verschluckt. Viele haben schon einmal die Erfahrung gemacht, Licht in einem absolut dunklen Raum zu spüren. In dieser Übung spüren wir das Licht in seiner Schwärze.

Hinweis: Stelle dir schwarzen Samt vor, der im Licht schimmert.

11. Woche

Klang- und Lichtmeditationen

WOCHENENDE

Mini-Meditation

Der Nomade reist weise bei Nacht,
wenn er oder sie nicht gezwungen ist bei Tag
zu reisen.

Meditation

(12 Minuten)

1. Erzeuge mit deiner natürlichen Stimme fünfzehnmal den Klang »hu«. Halte jede Wiederholung zehn Sekunden lang und fühle die Schwingung in deiner Kehle. Stelle dir ein klares, schimmerndes Licht vor, wie das Licht, das vom Wüstensand aufsteigt, während du diesen Klang erzeugst.
2. Wiederhole den Zyklus bis zu dreimal, wenn du möchtest.
3. Das Gefühl ist das von Milde und Verfeinerung und doch unendlich machtvoll.

Kommentar

Klares Licht ist die Farbe der Ekstase. Wenn unser Bewusstsein sich wandelt und nicht mehr ausschließlich mit der äußeren Welt interagiert, sondern beginnt, die transzendente Welt zu erleben, dann verändert sich unsere Beziehung zum Licht. Wenn unser Atem verfeinert wird, nehmen wir nicht mehr nur das Licht wahr, das von den Objekten reflektiert wird, sondern auch das Licht, das sie selbst erzeugen. Heute gibt es viel Faszination um die Aura. Hinter der Aura steht das klare Licht der Einheit.

12. Woche

Meditationen über das Selbst

EINFÜHRUNG

Diese anspruchsvolle Meditationsreihe verbindet eine behutsame Körperbewegung mit echter Selbsterforschung. Wir verbringen so viele Momente unseres Lebens damit, andere zu instrumentalisieren, dass uns die Sensitivität fehlt, uns selbst, jenseits von trennendem und kritischem Denken, zu erleben.

In dieser Meditationsreihe werden wir aufgefordert, unser Wesen und unsere Persönlichkeit als Geschenke eines liebenden Universums zu erfahren. Auch wenn wir eventuell unsere Begrenzungen und Fehler wahrnehmen, wird uns die rhythmische Stetigkeit dieser Meditationen in die Lage versetzen, uns selbst jenseits unseres begrenzten Wesens zu erleben.

12. Woche

Meditationen über das Selbst

MONTAG

Mini-Meditation

Vergebung ist das Merkmal eines reifen Menschen und von gesunden Beziehungen.

Meditation

(7 bis 10 Minuten)

1. Während du behutsam deinen Kopf fallen lässt, sprich sanft in dein Herz hinein: »Ich vergebe dir.« Während du den Kopf langsam hebst, sprich: »Du vergibst mir.« Fahre mit der Kopfbewegungen fort und wiederhole elf mal: »Ich vergebe dir.« »Du vergibst mir.«
2. So wie oben, sprich sanft in dein Herz hinein: »Ich vergebe« und denke still: »dir«. Beim Heben des Kopfes sprich: »Du vergibst« und denke still das Wort »mir«. Mit den gleichen Kopfbewegungen wiederhole elfmal: »Ich vergebe (dir)«, »Du vergibst (mir)«.
3. Wie oben, denke still das Wort »Ich« und sprich sanft in dein Herz »vergebe« und denke leise das Wort »dir«. Beim Heben des Kopfes denke leise »Du«, sprich stimmhaft: »vergibst« und denke leise das Wort »mir«. Fahre mit den Kopfbewegungen fort und wiederhole

elfmal: »(Ich) vergebe (dir)«, »(Du) vergibst (mir)«.

4. Fahre mit den Kopfbewegungen fort und denke still mit dem Ausatmen in dein Herz: »Ich vergebe dir«. Während du den Kopf hebst, denke beim Einatmen: »Du vergibst mir«. Wiederhole elfmal still auf den Atem: »Ich vergebe dir«, »Du vergibst mir«.
5. Sitze eine Minute in Stille.

Kommentar

Für viele Menschen umgibt das Wort Vergebung eine gewisse Anklage. Einige meinen, dass sie nicht fähig wären zu vergeben; andere meinen, sie würden ihre Macht aufgeben, wenn sie vergeben; andere wiederum meinen, sie würden von Schuld manipuliert werden und viel glücklicher sein, wenn sie nicht vergeben und manche meinen, schon die Aktion selbst sei künstlich. Vergebung ist eine Kraft, die allgegenwärtig ist. Alles was wir tun müssen, ist, uns umzuwenden und ihr zu stellen. Indem wir der Vergebung in Bezug auf eine Person oder Situation bewusst werden, vergibt die Vergebung selbst, nicht unser Ego. Diese Meditation hilft uns, die innere Wahrheit zu erkennen, dass es keinen Nutzen bringt, Vergebung zurückzuhalten. Sie führt uns behutsam in den Fluss der Vergebung ohne die Vorstellungen von »sollte« und »gut«, die meist nur Schuld erzeugen. Ein Mangel an Erfahrungen im Vergeben wird den Fortschritt jener verzögern, die sich ernsthaft dem spirituellen Weg verschrieben haben.

DIENSTAG

Mini-Meditation

Als die Menschheit die Verehrung verlernte, kleidete sie sich in die Dunkelheit der Trennung.

Meditation

(7 bis 10 Minuten)

1. Während du behutsam deinen Kopf fallen lässt, sprich sanft in dein Herz hinein: »Ich verehre dich.« Während du den Kopf langsam hebst, sprich: »Du verehrst mich.« Fahre mit den Kopfbewegungen fort und wiederhole elfmal: »Ich verehre dich«, »Du verehrst mich.«
2. So wie oben, sprich sanft in dein Herz hinein: »Ich verehre« und denke still: »dich«. Beim Heben des Kopfes sprich: »Du verehrst« und denke still das Wort »mich«. Mit den gleichen Kopfbewegungen wiederhole elfmal: »Ich verehre (dich)«, »Du verehrst (mich)«.
3. Wie oben, denke still das Wort »Ich« und sprich sanft in dein Herz »verehre« und denke leise das Wort »dich«. Beim Heben des Kopfes denke leise »Du«, sprich stimmhaft: »verehrst« und denke leise das Wort

»mich«. Fahre mit den Kopfbewegungen fort und wiederhole elfmal: »(Ich) verehre (dich)«, »(Du) verehrst (mich)«.

4. Fahre mit den Kopfbewegungen fort und denke still beim Ausatmen in dein Herz: »Ich verehre dich«. Während du den Kopf hebst, denke beim Einatmen: »Du verehrst mich«. Wiederhole elfmal still auf den Atem: »Ich verehre dich«, »Du verehrst mich«.
5. Sitze eine Minute in Stille.

Kommentar

Dies ist eine jener Meditationen, von denen wir glauben, dass sie so peinlich sind und die uns so befangen machen, dass wir uns fast schämen, sie auszuprobieren. Wir haben kaum Hemmungen, Gott zu verehren, die Propheten, Menschen, die wir idealisieren, sogar materielle Dinge. In dieser Meditation üben wir uns darin, nicht unser falsches Ego zu verehren, sondern das Wunder unserer eigenen Erschaffung und Existenz. Jeder Mensch ist einzigartig und der Emotion wert, die wir üblicherweise für unsere zutiefst Geliebten reservieren. Wenn wir lernen, mit unserem Selbst in liebevoller und verherrlichender Art verbunden zu sein, dehnt sich diese liebende Beziehung auf diejenigen um uns herum aus und letztendlich auf die Art und Weise, wie wir mit allen Menschen verbunden sind. Diese Übung liegt auf dem Weg des königlichen Yoga, das Begrenzte mit dem Unbegrenzten zu verbinden. Sie erkennt die Göttlichkeit in jedem Menschen an und befähigt uns, diese zu erwecken.

12. Woche

Meditationen über das Selbst

MITTWOCH

Mini-Meditation

Das Mysterium des Atems zu verstehen, ist ein lohnendes Ziel für jeden Lebensabschnitt.

Meditation

(7 bis 10 Minuten)

1. Während du behutsam deinen Kopf fallen lässt, sprich sanft in dein Herz hinein: »Ich atme dich.« Während du den Kopf langsam hebst, sprich: »Du atmest mich.« Fahre mit der Kopfbewegungen fort und wiederhole elfmal: »Ich atme dich«, »Du atmest mich.«
2. So wie oben, sprich sanft in dein Herz hinein: »Ich atme« und denke still: »dich«. Beim Heben des Kopfes sprich: »Du atmest« und denke still das Wort »mich«. Mit den gleichen Kopfbewegungen wiederhole elfmal: »Ich atme (dich)«, »Du atmest (mich)«.
3. Wie oben, denke still das Wort »Ich« und sprich sanft in dein Herz »atme« und denke leise das Wort »dich«. Beim Heben des Kopfes denke leise »Du«, sprich stimmhaft: »atmest« und denke leise das Wort »mich«.

Fahre mit den Kopfbewegungen fort und wiederhole elfmal: »(Ich) atme (dich)«, »(Du) atmest (mich)«.

4. Fahre mit den Kopfbewegungen fort und denke still beim Ausatmen in dein Herz: »Ich atme dich«. Während du den Kopf hebst, denke beim Einatmen: »Du atmest mich«. Wiederhole elfmal still auf den Atem: »Ich atme dich«, »Du atmest mich«.
5. Sitze eine Minute in Stille.

Kommentar

Es gibt eine wunderbare Analogie über die Beziehung zwischen den Menschen und Gott. Ein Fisch schwimmt immer im Wasser. Das Wasser kommt in den Fisch, gibt ihm Leben, wird Teil des Fisches und verlässt den Fisch. Der Fisch hat jedoch keine Möglichkeit zu erkennen, dass Wasser existiert, bis er aus dem Wasser herausgenommen wird. Wir sprechen in dieser Meditation nicht nur über Luft. Wenn ich hier „Atem“ sage, beziehe ich mich auf das alles durchdringende Bewusstsein, das sich durch uns bewegt, so wie wir uns durch es bewegen.

DONNERSTAG

Mini-Meditation

Im Geist gibt es keine Wände, nur Türen.

Meditation

(7 bis 10 Minuten)

1. Während du behutsam deinen Kopf fallen lässt, sprich sanft in dein Herz hinein: »Ich hauche dir Geist ein.« Während du den Kopf langsam hebst, sprich: »Du hauchst mir Geist ein.« Fahre mit den Kopfbewegungen fort und wiederhole elfmal: »Ich hauche dir Geist ein«, »Du hauchst mir Geist ein.«
2. So wie oben, sprich sanft in dein Herz hinein: »Ich hauche« und denke still: »dir Geist ein«. Beim Heben des Kopfes sprich: »Du hauchst« und denke still die Worte »mir Geist ein«. Mit den gleichen Kopfbewegungen wiederhole elfmal: »Ich hauche (dir Geist ein)«, »Du hauchst (mir Geist ein)«.
3. Wie oben, denke still das Wort »Ich« und sprich sanft in dein Herz »hauche« und denke leise das Wort »dir Geist ein«. Beim Heben des Kopfes denke leise »Du«,

sprich stimmhaft: »hauchst« und denke leise das Wort »mir Geist ein«. Fahre mit den Kopfbewegungen fort und wiederhole elfmal: »(Ich) hauche (dir Geist ein)«, »(Du) hauchst (mir Geist ein)«.

4. Fahre mit den Kopfbewegungen fort und denke still beim Ausatmen in dein Herz: »Ich hauche dir Geist ein«. Während du den Kopf hebst, denke beim Einatmen: »Du hauchst mir Geist ein«. Wiederhole elfmal still auf den Atem: »Ich hauche dir Geist ein«, »Du hauchst mir Geist ein«.
5. Sitze eine Minute in Stille.

Kommentar

Der Sinn von Geist wird klarer, wenn wir ihn sowohl als Substantiv als auch als Verb begreifen. Geist ist aktiv, verbindend, kreativ und alles umfassend. Von dieser Meditation geht normalerweise eine ganz bestimmte Stimmung aus. Versuche nicht, eine Stimmung, ein Gefühl oder eine Erfahrung zu erzeugen. Das reine Wort Geist bringt viele Ebenen des Erlebens mit sich. Es gibt den Ausspruch: Herz spricht zu Herz, Geist zu Geist. Wenn jüdische Familien das Passah-Fest feiern, dann öffnet an einem bestimmten Punkt das jüngste Kind die Haustüre und bittet den Geist des Propheten Elijas herein. Die Unschuld des Kindes schafft ein Heim für den Geist des Propheten. Trage diese Unschuld in diese Meditation.

12. Woche

Meditationen über das Selbst

FREITAG

Mini-Meditation

Einer unserer größten Fehler als Menschen besteht darin, die Liebe auf das zu begrenzen, was wir verstehen können. Dadurch erheben wir unser Verstehen über die Liebe.

Meditation

(7 bis 10 Minuten)

1. Während du behutsam deinen Kopf fallen lässt, sprich sanft in dein Herz hinein: »Ich liebe dich.« Während du den Kopf langsam hebst, sprich: »Du liebst mich.« Fahre mit den Kopfbewegungen fort und wiederhole elfmal: »Ich liebe dich«, »Du liebst mich.«
2. So wie oben, spreche sanft in dein Herz hinein: »Ich liebe« und denke still: »dich«. Beim Heben des Kopfes sprich: »Du liebst« und denke still das Wort »mich«. Mit den gleichen Kopfbewegungen wiederhole elfmal: »Ich liebe (dich)«, »Du liebst (mich)«.
3. Wie oben, denke still das Wort »Ich« und sprich sanft in dein Herz »liebe« und denke leise das Wort »dich«.

Beim Heben des Kopfes denke leise »Du«, sprich stimmhaft: »liebst« und denke leise das Wort »mich«. Fahre mit den Kopfbewegungen fort und wiederhole elfmal: »(Ich) liebe (dich)«, »(Du) liebst (mich)«.

4. Fahre mit den Kopfbewegungen fort und denke still beim Ausatmen in dein Herz: »Ich liebe dich«. Während du den Kopf hebst, denke beim Einatmen: »Du liebst mich«. Wiederhole elfmal still auf den Atem: «Ich liebe dich«, »Du liebst mich«.
5. Sitze eine Minute in Stille.

Kommentar

Auf diese Worte "Ich liebe dich" sind wohl mehr Bedeutungen projiziert worden als auf irgendwelche anderen Worte. Diese Meditation kann helfen, diese Projektionen zu bezwingen und erlaubt uns, die Worte tatsächlich zu fühlen. Liebe ist unglaublich widerstandsfähig. Sobald du die Projektionen entfernt hast, wird die wahre Natur der Liebe prachtvoll erscheinen. Liebe zu kennen heißt, Gott zu kennen. Liebe zu kennen heißt, die pure Essenz zu kennen. Sogar der Klang dieses Wortes hat eine Wirkung auf das menschliche Herz. Probiere diese Meditation aus, ohne das Wort „Liebe" mit Vorbehalten oder Erwartungen zu belasten. Sei wie ein Besucher von einem anderen Planeten, der nicht konditioniert wurde, in bestimmter Weise auf dieses Wort zu reagieren. Lasse es geschehen und spüre, was geschieht.

Wochenende

Mini-Meditation

Was wir Gefühl nennen, ist in Wirklichkeit die Welle an der Oberfläche des Meeres. In der Tiefe des Meeres wartet das wahre Gefühl.

Meditation

(20 bis 40 Minuten)

1. Finde einen ruhigen Ort, an dem du zwanzig bis vierzig Minuten ungestört sein kannst. Wiederhole den Zyklus dieser Wochenmeditationen. Beginne wie folgt:
2. Während du behutsam deinen Kopf fallen lässt, sprich sanft in dein Herz hinein: »Ich vergebe dir.« Während du den Kopf langsam hebst, sprich: »Du vergibst mir.« Fahre mit den Kopfbewegungen fort und wiederhole elfmal: »Ich vergebe dir«, »Du vergibst mir.«
3. So wie oben, sprich sanft in dein Herz hinein: »Ich vergebe« und denke still: »dir«. Beim Heben des Kopfes sprich „Du vergibst" und denke still das Wort »mir«. Mit den gleichen Kopfbewegungen wiederhole elfmal: »Ich vergebe (dir)«, »Du vergibst (mir)«.

4. Wie oben, denke still das Wort »Ich« und sprich sanft in dein Herz »vergebe« und denke leise das Wort »dir«. Beim Heben des Kopfes denke leise »Du«, sprich stimmhaft: »vergibst« und denke leise das Wort »mir«. Fahre mit den Kopfbewegungen fort und wiederhole elfmal: »(Ich) vergebe (dir)«, »(Du) vergibst (mir)«.
5. Fahre mit den Kopfbewegungen fort und denke still beim Ausatmen in dein Herz: »Ich vergebe dir«. Während du den Kopf hebst, denke beim Einatmen: »Du vergibst mir«. Wiederhole elfmal still auf den Atem: »Ich vergebe dir«, »Du vergibst mir«.
6. Sitze eine Minute in Stille.
7. Nun wiederhole den Zyklus mit den Worten: »verehre«, »atme«, »hauche Geist ein« und »liebe«. Mache nach jedem Zyklus eine Pause, um schweigend wahrzunehmen, was du empfindest.

Kommentar

Es kann sehr hilfreich sein, bei einer langen Meditationsübung Papier und Stift neben sich zu legen. Wenn du verschiedene Gefühle oder Erfahrungen hast, notiere sie in ein, zwei Sätzen als Gedächtnisstütze. Vielleicht möchtest du nach der Meditation eine längere Beschreibung jedes Abschnitts notieren. Wenn du später die Beschreibung liest, kann dich das fast sofort in den meditativen Zustand zurückversetzen.

SCHLUSSWORT

Ich offeriere dieses Buch als Geschenk von den vielen wunderbaren und tiefgründigen Menschen, welche die innere Welt zu einem wertvollen und realen Bestandteil ihres Lebens gemacht haben. Wir hoffen, das Erbe ihrer Gebete und Meditationen der letzten Äonen angenommen, es angereichert und an die nächste Generation weitergegeben zu haben. Auf diese Weise wird der Pfad des Friedens und der inneren Freude sich immer weiter entwickeln und das Geschenk unserer Ahnen wird wachsen.

SEGEN

Der Segen der Natur, der Segen der Kinder, der Segen der Unschuld, der Segen der Erde, der Segen des Wassers, der Segen des Feuers und der Luft sind für alle zugänglich, die ihr Herz und ihren Geist öffnen. Aus all diesen Segen quillt der Nektar der Freundlichkeit, der uns erleuchtet und versüßt.

Es ist meine Hoffnung, dass dieses Buch dich befähigen wird, all die wunderbaren Geschenke und Segen zu erleben, die das Universum uns in diesem Leben zur Verfügung stellen kann.

Möge es allen Wesen wohl ergehen,
mögen alle Wesen glücklich sein,

Friede, Friede, Friede